Découvrez des Jeux Gratuits en Ligne

Disponible Ici :

BestActivityBooks.com/FREEGAMES

5 ASTUCES POUR DÉMARRER !

1) COMMENT RÉSOUDRE LES MOTS MÊLÉS

Les puzzles sont dans un format classique :

- Les mots sont cachés sans espaces, tirets, ...
- Orientation : Les mots peuvent être écrits en avant, en arrière, vers le haut, vers le bas ou en diagonale (ils peuvent être inversés).
- Les mots peuvent se chevaucher ou se croiser.

2) UN APPRENTISSAGE ACTIF

Un espace est prévu à côté de chaque mots pour noter la traduction. Pour favoriser un apprentissage actif un **DICTIONNAIRE** à la fin de cette édition vous permettra de vérifier et étendre vos connaissances. Cherchez et notez les traductions, trouvez-les dans le Puzzle et ajoutez-les à votre vocabulaire !

3) MARQUEZ LES MOTS

Vous pouvez inventer votre propre système de marquage. Peut-être en utilisez-vous déjà un ? Sinon, vous pourriez, par exemple, marquer les mots qui ont été difficiles à trouver d'une croix, ceux que vous avez aimés d'une étoile, les mots nouveaux d'un triangle, les mots rares d'un diamant, etc...

4) STRUCTUREZ VOTRE APPRENTISSAGE

Cette édition vous offre un **CARNET DE NOTES** très pratique à la fin du livre. En vacances ou en voyage ou à la maison, vous pouvez facilement organiser vos nouvelles connaissances sans avoir besoin d'un second bloc-notes !

5) VOUS AVEZ FINI TOUTES LES GRILLES ?

Allez à la section bonus **CHALLENGE FINAL** pour trouver un jeu gratuit à la fin de cette édition !

Simple et Rapide ! Découvrez notre collection de livres d'activités pour votre prochain moment de détente et **d'apprentissage**, à juste un clic de distance !

Trouvez votre prochain défi sur :

BestActivityBooks.com/MonProchainLivre

À vos marques, prêts... Partez !

Saviez-vous qu'il existe environ 7 000 langues différentes dans le monde ? Les mots sont précieux.

Nous aimons les langues et avons travaillé dur pour créer les livres de la plus haute qualité pour vous. Nos ingrédients ?

Une sélection des thématiques d'apprentissage adaptée, trois belles parts de divertissement, puis nous ajoutons une cuillère de mots difficiles et une pincée de mots rares. Nous les servons avec soin et un maximum de plaisir pour vous permettre de résoudre les meilleurs jeux de mots mêlés qui soient et d'apprendre en vous amusant !

Votre avis est essentiel. Vous pouvez participer activement au succès de ce livre en nous laissant un commentaire. Nous aimerions vraiment savoir ce que vous avez préféré dans cette édition !

Voici un lien rapide qui vous mènera à la page d'évaluation de vos commandes :

BestBooksActivity.com/Avis50

Merci pour votre aide et amusez-vous bien !

De la part de toute l'équipe

1 - Adjectifs #2

```
S C T A F A U T È N T I C X Y
F A J X E L B A S N O P S E R
T O L S D A H K O O H Z A S C
Z S R V D R A M À T I C M S R
P E I T A U I T C U D O R P E
S C A Z A T N E T O P V U Ç A
O A C Q M A G M A J C A P W T
R F L M I N C E L D O T A T I
G P X U J T H Q A G M U P S U
U H X Z D N F D S H Y U H Z R
L A Ç R A D S J J Z I H N H
L W F U N G B P J N O U H B S
Ó Ç K J G E Q L B M C A R P Ç
S M D Y B L V Y E F A M Ó S X
I N T E R E S S A N T V E N A
```

AUTÈNTIC
FAMÓS
CREATIU
DOTAT
DRAMÀTIC
ELEGANT
ORGULLÓS
FORT
INTERESSANT
NATURAL

NOU
PRODUCTIU
POTENT
PUR
RESPONSABLE
SALUDABLE
SALAT
SALVATGE
SEC

2 - Formes

```
B  T  U  C  U  B  P  E  R  D  N  I  L  I  C
H  L  Í  N  I  A  R  D  L  L  B  C  A  U  M
I  I  X  E  U  J  I  I  P  ·  I  O  V  X  H
H  C  P  B  L  O  S  M  O  A  L  N  O  J  X
S  A  C  È  W  M  M  À  L  I  U  I  H  U  L
E  N  J  E  R  C  A  R  Í  I  I  P  P  Y  M
Ç  T  L  H  R  B  W  I  G  M  H  C  G  S  H
Y  O  Q  T  V  C  O  P  O  V  Ç  L  Ç  J  E
V  N  U  R  E  Q  L  L  N  X  U  N  G  W  R
O  A  A  I  C  R  M  E  A  E  S  F  E  R  A
R  D  D  A  O  R  E  C  T  A  N  G  L  E  A
E  A  R  N  R  W  M  B  A  J  O  Y  N  H  R
S  T  A  G  B  V  O  B  O  Y  Y  G  H  Ç  C
O  Z  T  L  A  Z  Z  J  F  E  O  V  Y  E  L
B  D  A  E  C  O  S  T  A  T  H  Z  H  Q  E
```

ARC	EL·LIPSE
VORES	HIPÈRBOLA
QUADRAT	LÍNIA
CERCLE	OVAL
CANTONADA	POLÍGON
CORBA	PRISMA
CON	PIRÀMIDE
COSTAT	RECTANGLE
CUB	ESFERA
CILINDRE	TRIANGLE

3 - Force et Gravité

```
E  V  Ó  I  S  S  E  R  P  Ò  B  Y  J  C  H
X  P  R  M  K  P  L  A  S  R  E  V  I  N  U
P  I  G  P  U  F  C  C  J  B  S  N  D  T  J
A  B  E  A  U  T  K  I  O  I  T  K  V  Ç  J
N  R  L  C  U  Ç  F  S  E  T  A  E  J  A  U
S  S  Ç  T  C  T  S  Í  D  A  T  M  M  S  O
I  V  N  E  R  K  E  F  I  P  E  E  D  P  J
Ó  P  L  A  N  E  T  E  S  E  I  C  I  G  S
I  M  O  V  I  M  E  N  T  S  P  À  N  T  P
C  V  E  L  O  C  I  T  A  T  O  N  À  T  C
C  J  G  O  Y  M  U  W  B  J  R  I  M  Ç  E
I  K  R  L  J  J  V  B  L  R  P  C  I  N  N
R  M  A  G  N  E  T  I  S  M  E  A  C  B  T
F  L  D  E  S  C  O  B  R  I  M  E  N  T  R
D  I  S  T  À  N  C  I  A  A  F  Z  N  O  E
```

EIX	MOVIMENT
CENTRE	ÒRBITA
DESCOBRIMENT	FÍSICA
DISTÀNCIA	PLANETES
DINÀMIC	PES
EXPANSIÓ	PRESSIÓ
FRICCIÓ	PROPIETATS
IMPACTE	TEMPS
MAGNETISME	UNIVERSAL
MECÀNICA	VELOCITAT

4 - Adjectifs #1

```
I T H U I T C A C G R J E A Z
E B Q C H M A R Q F J O N B Y
P E B Ç O W P B I X Z V O S T
G L I T N T L O Z C W E R O Z
U E L K E Ç I P R I V P M L M
A B N X S X D E B T I M E U O
I T Z E T E R S P Ò A Ç E T D
N I R Ç R U E A B X N N R M E
N E X A J Ó I T R E Y B T I R
O L A C C W S O P N S O J D N
C E F C I T À M O R A N B È T
E N S Ó I C I B M A R I P N W
N T N N U U N U P Ç F C R T C
T Q O M A R T Í S T I C I I H
P E R F E C T E Q A T W M C I
```

ABSOLUT
ACTIU
AMBICIÓS
AROMÀTIC
ARTÍSTIC
ATRACTIU
BONIC
EXÒTIC
ENORME
GENERÓS

HONEST
IDÈNTIC
IMPORTANT
INNOCENT
JOVE
LENT
PESAT
PRIM
MODERN
PERFECTE

5 - Instruments de Musique

```
S T E N I R A L C X Ç C C P F
Z A R O B M A T Q M L B O Y A
M P X O K H L A R R A T I U G
A R I O M L N W V G T X C X O
R A F O F B L L B Ç E J Ç T T
I T J V E O Ó D S L R N Q R L
M U P R O G N O G W E R K O J
B A Z V I B M P V U D N W M O
A L E N Í L O I V X N R N P U
H F Y Y R Q L È P I A N O E Y
U A W M Ç C N C G H P A Ç T G
H A R M Ò N I C A E S G B A Q
P E R C U S S I Ó Z E A T M O
R M M A N D O L I N A L O T B
B A N J O V I O L O N C E L J
```

BANJO	MARIMBA
FAGOT	PERCUSSIÓ
CLARINET	PIANO
FLAUTA	SAXOFON
GONG	TAMBOR
GUITARRA	PANDERETA
HARMÒNICA	TROMBÓ
ARPA	TROMPETA
OBOÈ	VIOLÍ
MANDOLINA	VIOLONCEL

6 - Herboristerie

```
A B G N N U J U I T A K F T O
X E E X R D H X D E M K M Ç X
T N E I D E R G N I V E R D B
F E Y U V T A T I L A U Q U F
A F U D L E G A E X H B X V L
R I P R P Z E J R S C A N N O
I C L A I J R V A O T K S B R
G I Z M X T B E D T M R T Z N
O Ó M K N P À P N F Z À A H Z
L S X S D B F U A Q V K T G Y
A E V G J U L I V E R T N I Ó
J A R D Í E A S A F R À E W C
F G F O N O L L L Í N A M O R
C U L I N À R I A A L L C B A
S A B O R F I D T R K Ç O F F
```

ALL	LAVANDA
AROMÀTIC	MARDUIX
ALFÀBREGA	MENTA
BENEFICIÓS	JULIVERT
CULINÀRIA	QUALITAT
ESTRAGÓ	ROMANÍ
FONOLL	SAFRÀ
FLOR	SABOR
INGREDIENT	FARIGOLA
JARDÍ	VERD

7 - Véhicules

```
C T T A X I T T S Ú B O T U A
A A R Z E C D A R U L C E K Q
M M O A T O A C R A B S O Q K
I B T R S C O T X E C M C D Ç
Ó U O N F L O X P I P T A I L
I L M U Ç B L O C V N B O R D
V À Y X Z W U A T E E A L R Í
A N N E T Q J R T O U S T E C
W C C A R A V A N A M S E F S
P I M E T R O H R A À A R D C
P A O Z E A L Y Ç L T X U Y O
W Ç J G F L M D B D I T I O O
S D X Y F L X L E B C L B V T
B I C I C L E T A P S Z M I E
A U Z V H E L I C Ò P T E R R
```

AMBULÀNCIA	MOTOR
AVIÓ	TRASLLAT
BARCA	PNEUMÀTICS
AUTOBÚS	BASSA
CAMIÓ	SCOOTER
CARAVANA	SUBMARÍ
FERRI	TAXI
COET	TRACTOR
HELICÒPTER	BICICLETA
METRO	COTXE

8 - Camping

```
Ç  X  Ç  C  L  H  R  R  T  P  C  O  F  T  M
W  Q  S  Y  Z  U  A  A  N  S  A  D  N  E  T
N  O  Z  L  X  V  N  O  E  T  B  Ç  Ç  B  B
B  O  S  C  T  F  N  Y  M  I  I  W  F  D  Q
L  L  A  N  T  E  R  N  A  R  N  L  L  A  C
X  W  G  T  T  S  X  L  P  W  A  M  B  S  I
P  Z  C  H  V  R  E  O  I  C  R  U  R  E  H
A  Ç  A  C  N  O  B  U  U  A  U  N  Ú  L  L
I  N  S  E  C  T  E  U  Q  N  T  T  I  A  X
D  W  U  O  A  N  H  B  E  O  N  A  X  R  M
M  L  S  L  A  M  I  N  A  A  E  N  O  U  E
T  V  I  S  L  V  Ç  G  P  M  V  Y  L  T  P
X  B  U  F  T  E  R  R  A  B  A  A  A  A  Ç
H  A  M  A  C  A  V  Q  M  L  Q  P  P  N  H
R  R  H  X  Y  K  Z  R  C  O  R  D  A  R  Z
```

ANIMALS	FOC
AVENTURA	BOSC
BRÚIXOLA	HAMACA
CABINA	INSECTE
CANOA	LLAC
MAPA	LLANTERNA
BARRET	LLUNA
CAÇA	MUNTANYA
CORDA	NATURALESA
EQUIPAMENT	TENDA

9 - Écologie

```
M M R J H L J N M W Z D S P F
J V O O À R B A M I L C G S P
B M E F B T A T I S R E V I D
P N N B I Q L U S Y V S X R V
M L S X T A T R E T A N U A F
C U A K A Q J A Q J R U P T F
O K N N T L O L U F I X L N Y
M W O T T F W E E A E F P U P
U F M R A E U S R W T J D L T
N B O À B N S A A N A L J O U
I Y B I T A Y E Q Z T A H V R
T J U D X N M E I C È P S E U
A W G Z U C A E S I A N M E R
T F L O R A R P N A T U R A L
S I M M P R Í R E C U R S O S
```

VOLUNTARIS
CLIMA
COMUNITATS
DIVERSITAT
ESPÈCIE
FAUNA
FLORA
HÀBITAT
PANTÀ

MARÍ
MUNTANYES
NATURALESA
NATURAL
PLANTES
RECURSOS
SEQUERA
VARIETAT

10 - Géométrie

```
I  M  M  N  T  F  R  E  M  T  C  X  Q  H  A
F  T  A  S  I  Q  C  L  A  N  E  K  C  Y  N
H  J  Ç  Q  A  R  R  C  S  E  P  O  Z  Ç  G
A  J  B  O  A  H  R  R  S  M  A  R  R  Ó  L
D  I  À  M  E  T  R  E  A  G  R  E  L  I  E
S  U  P  E  R  F  Í  C  I  E  A  M  Ò  S  A
C  À  L  C  U  L  Z  D  M  S  L  Ú  G  N  S
S  I  M  E  T  R  I  A  B  B  ·  N  I  E  E
M  E  D  I  A  N  A  R  U  T  L  A  C  M  P
I  X  W  S  I  A  G  D  H  P  E  N  A  I  Ç
T  R  I  A  N  G  L  E  O  B  L  C  E  D  W
P  R  O  P  O  R  C  I  Ó  I  C  A  U  Q  E
M  C  Q  G  G  L  W  O  U  Y  S  U  D  S  E
V  E  R  T  I  C  A  L  M  R  Ç  E  S  K  U
D  C  O  R  B  A  X  K  D  E  U  V  H  S  J
```

ANGLE	MEDIANA
CÀLCUL	NÚMERO
CERCLE	PARAL·LEL
CORBA	PROPORCIÓ
DIÀMETRE	SEGMENT
DIMENSIÓ	SUPERFÍCIE
EQUACIÓ	SIMETRIA
ALTURA	TEORIA
LÒGICA	TRIANGLE
MASSA	VERTICAL

11 - Les Médias

```
D O F J J E X Ç Z D Ó H N D U
C I L B Ú P T M N I I K Y D S
M W G L O C A L O Q C A Z D C
S L A I C R E M O C A N R X T
E F L D T O B F L P C T N I B
G D A G H A H G O P I N I Ó S
T A U J S R L X I V N J C I T
A C D C W C N A D N U I D C E
M T I E A M F R À Ç M F D I F
I I V N R C M X R F O J W D I
D T I L B F I A Y Z C Ç V E I
R U D Í I P P Ó S M Z U D I U
E D N N F O T O G R A F I E S
G S I I N D Ú S T R I A G I
G L L A U T C E L · L E T N I
```

ACTITUDS

COMERCIAL

COMUNICACIÓ

EN LÍNIA

EDICIÓ

EDUCACIÓ

FETS

IMATGES

INDIVIDUAL

INDÚSTRIA

INTEL·LECTUAL

DIARIS

LOCAL

DIGITAL

OPINIÓ

FOTOGRAFIES

PÚBLIC

RÀDIO

XARXA

12 - Philanthropie

```
T  C  Z  H  D  U  N  P  B  S  R  L  C  C  G
P  E  T  U  T  N  E  V  O  J  E  M  O  P  R
V  G  E  N  T  Z  C  N  C  O  P  I  N  R  U
M  E  T  E  S  P  E  E  B  C  T  C  T  G  P
Y  W  C  E  N  T  S  N  H  G  E  A  A  E  S
Y  I  P  R  O  R  S  S  F  A  S  R  C  N  Q
O  A  X  J  F  Ó  I  S  S  I  M  I  T  E  H
R  Ç  Ç  U  R  T  T  E  M  O  D  T  E  R  I
G  L  O  B  A  L  A  L  P  Z  D  A  S  O  S
H  Y  D  X  Z  R  T  C  D  M  V  T  T  S  T
T  H  Z  C  O  M  U  N  I  T  A  T  S  I  Ò
H  O  N  R  A  D  E  S  A  L  H  P  W  T  R
F  I  N  A  N  C  E  S  I  X  B  U  T  A  I
P  R  O  G  R  A  M  E  S  R  N  Ú  N  T  A
H  U  M  A  N  I  T  A  T  Ç  N  U  P  D  U
```

NECESSITAT	GENEROSITAT
METES	GLOBAL
CARITAT	GRUPS
COMUNITAT	HISTÒRIA
CONTACTES	HONRADESA
REPTES	HUMANITAT
NENS	JOVENTUT
FINANCES	MISSIÓ
FONS	PROGRAMES
GENT	PÚBLIC

13 - Diplomatie

```
C Q O U I T A D A X I A B M A
A C O N F L I C T E N B J D C
R S N A D A T U I C T U U I I
Q L S Ó I C U L O S E R S S T
T A T E R U G E S È G C T C Í
R K A I S Ó J C X T R I Í U L
E V L O R S I X B I I T C S O
G O V E R N O C V C T À I S P
N O W Z Ó B T R A A A M A I J
A M B A I X A D O R T O W Ó Y
R A L F C D V F E D E L F G G
T L L E U E H F K L N P D I Y
S E G R L I I M A N M I O Q O
E Y L E O Y Z K H Z H D T O R
W X P D S C O M U N I T A T C
```

AMBAIXADA
AMBAIXADOR
CIUTADANS
COMUNITAT
CONFLICTE
ASSESSOR
COOPERACIÓ
DIPLOMÀTIC
DISCUSSIÓ

ÈTICA
ESTRANGER
GOVERN
INTEGRITAT
JUSTÍCIA
POLÍTICA
RESOLUCIÓ
SEGURETAT
SOLUCIÓ

14 - Astronomie

```
U  E  E  L  B  R  N  P  M  R  U  S  J  H  M
W  I  R  X  A  A  E  L  O  E  W  A  E  T  V
L  I  F  Z  I  D  B  A  N  R  T  F  C  F  Ó
E  L  X  R  X  I  U  N  Ò  S  B  E  U  F  I
C  Z  U  R  À  A  L  E  R  Z  I  Z  O  G  C
I  G  N  N  L  C  O  T  T  I  H  J  L  R  A
C  R  B  J  A  I  S  A  S  B  M  N  G  F  L
C  O  V  S  G  Ó  A  R  A  L  O  S  K  B  ·
O  W  E  O  B  S  E  R  V  A  T  O  R  I  L
N  U  R  T  Ç  A  A  S  T  E  R  O  I  D  E
I  S  P  I  L  C  E  C  O  S  M  O  S  C  T
U  A  S  T  R  O  N  A  U  T  A  I  E  B  S
Q  U  N  I  V  E  R  S  P  P  A  Q  H  I  N
E  C  Q  Y  W  Y  G  Z  R  O  M  P  V  V  O
S  U  P  E  R  N  O  V  A  R  R  E  T  I  C
```

ASTEROIDE	LLUNA
ASTRONAUTA	METEOR
ASTRÒNOM	NEBULOSA
CEL	OBSERVATORI
CONSTEL·LACIÓ	PLANETA
COSMOS	RADIACIÓ
ECLIPSI	SOLAR
EQUINOCCI	SUPERNOVA
COET	TERRA
GALÀXIA	UNIVERS

15 - Physique

```
T Q B L Q E Q W U W Y R W G G
N U J F U Ç W E N Y L I N R R
R W P M Í Y C M I J Z W T J A
D I I K M O T À V H Ó S B V V
M E A Y I F T X E I I E B D E
P O N D C J A W R L C M T R T
I R T S C A O S S M A S S A A
O F T O I Z M A A B R I M E T
S N D W R T Ç G L J E T O L A
J L A K N B A D Z O L E L C T
E L E C T R Ó T S S E N È U W
F Ó R M U L A K G W C G C N I
C A M E C À N I C A C A U A O
F R E Q Ü È N C I A A M L N Ç
R E L A T I V I T A T R A G H
```

ACCELERACIÓ	GRAVETAT
ÀTOM	MAGNETISME
CAOS	MASSA
QUÍMIC	MECÀNICA
DENSITAT	MOLÈCULA
ELECTRÓ	MOTOR
FÓRMULA	NUCLEAR
FREQÜÈNCIA	RELATIVITAT
GAS	UNIVERSAL

16 - Types de Cheveux

```
L Y S M A R R Ó R T L W R Y Q
B R I L L A N T Q V U L C X X
L O R T U X D A T A L P A I L
A L G I E S B S L O X N Í R K
C O S S U A U S Y H P R I M G
G C O A S G P I O N D U L A T
R W R G L B Y R G Ç A S T Q Y
U J D L F U L R Ç R S A R V M
I G S D I I D A B K I C E O L
X N L J V R S A C U R T N O F
E B E U P Q E B B P W L A Z X
K G J G S S C L I L C Ç T Y H
Q M V T R N F A G C E I K O T
C D C J S E K N J M D D N F W
H J V C E L J C L U K V G Ç W
```

PLATA	ARRISSAT
BLANC	GRIS
ROS	LLARG
RÍNXOLS	MARRÓ
BRILLANT	PRIM
CALB	NEGRE
COLOR	ONDULAT
CURT	SALUDABLE
SUAU	SEC
GRUIX	TRENAT

17 - Archéologie

```
E F E M H E O O S S O S O A I
K Y E M C R K B E B M Ç L N N
E A Q X X P D E J Q L Y X À V
S T O M B A E P K E U P T L E
D E S C E N D E N T C I Y I S
E X Ç F E K T L J N A T P S T
R C C Ò G X R P Q Z V A E I I
A L I S A G P M W E A T M S G
T Ç C S T O B E Z X L I I O A
N B W I K I I T R Z U U S B D
J J W L O P B J D T A G T L O
D E S C O N E G U T C I E I R
R E L Í Q U I A D K I T R D P
O D C E R À M I C A Ó N I A R
P R O F E S S O R J S A A T P
```

ANÀLISI
ANTIGUITAT
INVESTIGADOR
DESCENDENT
EXPERT
ERA
EQUIP
AVALUACIÓ
FÒSSIL
DESCONEGUT

MISTERI
OBJECTES
OSSOS
OBLIDAT
CERÀMICA
PROFESSOR
RELÍQUIA
TEMPLE
TOMBA

18 - Mammifères

```
L O V E L L A S X W B G K D T
C L V E Q G Q U I T W Y F Z F
U M E D B N E C E I T M L Q N
V H I Ó P N J U W E O Q Z C Z
E P Í B O U A O G Ç W F Z Z X
N C F U A P O Q A C A N G U R
S T O I O C K G I R A F A L Z
O N D Ó S O G P H X L E A L E
C A V A L L F Z A X R N V O B
I F A Z T L Ç V I G R K N P R
M E O A L I A K T A W H G Ç A
K L R T S N B A L E N A A G T
W E Ç G M O G U I N E U T Y Z
M N A Z I C X V I K Ç Y I O N
O I B Z A T G O R I L · L A Q
```

BALENA	CONILL
GAT	LLEÓ
CAVALL	LLOP
GOS	OVELLA
COIOT	ÓS
DOFÍ	GUINEU
ELEFANT	MICO
GIRAFA	BOU
GORIL·LA	TIGRE
CANGUR	ZEBRA

19 - Chocolat

```
S  Ó  I  C  I  L  E  D  C  A  C  A  U  Ç  W
T  A  T  I  L  A  U  Q  I  E  E  U  K  G  M
E  Q  S  T  R  A  R  O  N  C  Y  T  L  Ç  L
U  D  U  Ò  L  N  O  X  G  N  A  M  A  R  G
A  C  G  X  Y  T  S  G  R  Q  H  P  I  O  D
C  R  U  E  J  I  U  S  E  L  Z  Q  S  B  X
A  Z  O  X  J  O  C  C  D  D  G  F  J  A  T
C  J  C  M  F  X  R  U  I  K  O  Y  H  S  Q
C  M  O  W  A  I  E  U  E  G  S  L  O  P  S
R  A  C  V  B  D  W  Ç  N  Q  X  C  Ç  D  R
T  I  R  O  V  A  F  A  T  P  E  C  E  R  M
X  M  H  A  U  N  H  A  Ç  W  N  E  P  P  T
L  M  X  Z  M  T  U  M  J  I  B  A  N  U  P
O  R  L  C  S  E  I  R  O  L  A  C  L  B  V
J  C  U  T  I  W  L  A  N  A  S  E  T  R  A
```

AMARG
ANTIOXIDANT
AROMA
ARTESANAL
CACAUETS
CACAU
CALORIES
CARAMEL
DELICIÓS
DOLÇ

EXÒTIC
FAVORIT
GUST
INGREDIENT
COCO
POLS
QUALITAT
RECEPTA
SABOR
SUCRE

20 - Mathématiques

```
F  I  Z  K  T  N  E  N  O  P  X  E  W  B  P
Q  R  L  Ó  R  Y  S  O  Y  H  Y  V  O  Q  M
G  P  A  I  V  K  F  G  A  J  O  F  N  E  E
S  A  I  C  O  B  E  Í  L  A  M  I  C  E  D
I  R  R  A  C  B  R  L  X  M  N  D  G  L  K
M  A  T  U  R  I  A  O  J  U  C  G  N  V  H
E  L  E  Q  X  I  Ó  P  V  S  X  U  L  F  Ç
T  ·  M  E  D  W  T  A  R  D  A  U  Q  E  W
R  L  O  Ç  N  G  B  M  B  V  O  G  M  V  S
I  E  E  X  I  Y  P  A  È  K  P  G  L  O  S
A  L  G  M  E  L  G  N  A  T  C  E  R  L  A
D  I  À  M  E  T  R  E  F  K  I  V  I  U  G
P  E  R  Í  M  E  T  R  E  P  Z  C  D  M  H
T  R  I  A  N  G  L  E  H  W  Ç  U  A  E  O
P  E  R  P  E  N  D  I  C  U  L  A  R  H  V
```

ANGLES	PERPENDICULAR
ARITMÈTICA	PERÍMETRE
QUADRAT	POLÍGON
DECIMAL	RADI
DIÀMETRE	RECTANGLE
EXPONENT	SUMA
EQUACIÓ	ESFERA
FRACCIÓ	SIMETRIA
GEOMETRIA	TRIANGLE
PARAL·LEL	VOLUM

21 - Sport

```
C N O B J E C T I U V D H B V
I U Q W Q W M P Ç A O O G T G
C T A T I C A P A C Ç B A L L
L R C O S R O D A N E R T N E
I I C I L Ò B A T E M R O P T
S C J W D T S W E D Q E T F M
M I D F H I I V L A H S C E O
E Ó O C U J E R T R C I Ó S S
S L U C S Ú M T A F V S R P S
A M A R G O R P A J E T R O O
L S E F I U I C A G W È E R S
U M A X I M I T Z A R N R T H
T E C M Z Ç T O R A V C C S T
Q A L D O Y M G E B F I W D C
W B L U Q Q M A P A L A X U W
```

ATLETA	MAXIMITZAR
CAPACITAT	METABÒLIC
COS	MÚSCULS
CICLISME	NEDAR
BALL	NUTRICIÓ
DIETA	OBJECTIU
RESISTÈNCIA	OSSOS
ENTRENADOR	PROGRAMA
FORÇA	SALUT
CÓRRER	ESPORTS

22 - Mythologie

```
L V X M A F Q M Z X P I Z D P
L E N À R I O R E H H Y Ç E L
E N R G Q G Y R W M C G V S A
G J B I U W G A Ç Z R N E A B
E A D C E E U I L A I P L S E
N N J N T W E S P M A L L T R
D Ç H Q I W R O U E T O W R I
A A F D P E R L Y Ç U K U E N
N K S E C N E E R C R Y G E T
P Ç X X K Y R G L C A Z Ç D U
C O M P O R T A M E N T U O Y
Q O I M M O R T A L I T A T E
C R E A C I Ó M D Ç G T S Z D
K D R Y T M O N S T R E R J E
M O R T A L C U L T U R A O M
```

ARQUETIP
DESASTRE
COMPORTAMENT
CREACIÓ
CRIATURA
CREENCES
CULTURA
LLAMPS
FORÇA
GUERRER

HEROI
IMMORTALITAT
GELOSIA
LABERINT
LLEGENDA
MÀGIC
MONSTRE
MORTAL
TRO
VENJANÇA

23 - Restaurant #2

```
I  B  F  E  A  R  I  D  A  C  S  F  N  G  V
H  I  R  N  S  I  O  G  J  F  O  U  B  W  E
P  F  U  C  U  P  G  C  P  Z  P  M  D  G  R
F  Y  I  X  O  B  È  U  U  J  A  V  L  J  D
C  J  T  R  X  B  Q  C  A  M  A  K  B  C  U
M  I  A  E  S  U  E  D  I  F  Y  M  O  Z  R
V  Q  M  R  A  N  I  D  Ç  E  S  B  Y  Z  E
B  J  S  B  V  Ç  J  C  I  A  S  A  M  Ç  S
K  G  F  M  W  H  C  G  C  D  R  I  R  V  P
S  O  P  A  R  A  L  L  I  U  Q  R  O  F  A
H  U  I  C  D  O  A  E  F  G  L  K  Z  T  S
D  D  Q  W  P  Q  S  G  Z  E  N  L  Y  A  T
D  E  L  I  C  I  Ó  S  C  B  T  X  E  J  Í
P  E  I  X  A  M  A  N  I  D  A  Ç  J  R  S
R  Q  R  O  T  C  F  B  N  X  X  C  A  K  A
```

BEGUDA	PASTÍS
CADIRA	GEL
CULLERA	VERDURES
DINAR	FIDEUS
DELICIÓS	OUS
SOPAR	PEIX
AIGUA	AMANIDA
ESPÈCIES	SAL
FORQUILLA	CAMBRER
FRUITA	SOPA

24 - Beauté

```
X  I  T  F  R  R  T  N  A  C  N  E  O  P  R
E  A  K  I  M  O  T  N  A  G  E  L  E  I  Z
S  C  M  C  S  L  O  X  N  Í  R  E  C  N  R
T  I  K  P  Ç  O  U  J  I  G  A  G  S  T  M
I  T  K  M  Ú  C  R  K  I  R  I  À  E  A  A
L  È  L  C  D  J  L  E  O  À  C  N  R  L  Q
I  M  P  Q  I  J  L  Y  S  C  N  C  V  L  U
S  S  P  E  B  I  I  H  E  I  À  I  E  A  I
T  O  I  O  P  V  S  E  Y  A  G  A  I  V  L
A  C  C  Z  Z  N  O  I  M  W  A  K  S  I  L
Ç  Q  K  K  P  C  I  L  L  A  R  I  M  S  A
H  W  V  I  T  G  I  Q  I  A  F  P  L  L  T
Y  V  A  E  W  Q  Q  D  A  S  F  E  Ç  N  G
F  O  T  O  G  È  N  I  C  A  T  L  D  I  E
M  À  S  C  A  R  A  O  N  B  S  L  L  Y  F
```

RÍNXOLS	MAQUILLATGE
ENCANT	MÀSCARA
TISORES	MIRALL
COSMÈTICA	FRAGÀNCIA
COLOR	PELL
ELEGÀNCIA	FOTOGÈNICA
ELEGANT	PINTALLAVIS
GRÀCIA	SERVEIS
OLIS	XAMPÚ
LLIS	ESTILISTA

25 - Avions

```
A V E N T U R A A P S J V T P
D I R E C C I Ó T I N Z C R A
A M B I E N T I E L E C O I S
Z E Ç V Z A O C R O C Q M P S
L C S R M X R C R T S L B U A
A L T I T U D U A Q E P U L T
N U R B E A S R T Ç D A S A G
K I V H Y Ç N T G Y W I T C E
I J J Ç V W J S E B X R I I R
P N Y X D S X N U G I E B Ó O
N P F S L S A O Ç B U M L C T
S Ç X L V Q I C N U O H E K O
I C G M A R U T L A K L Q I M
I N E G O R D I H F C J G S Z
H I S T Ò R I A X D R Z S J J
```

AIRE
ALTITUD
AMBIENT
ATERRATGE
AVENTURA
GLOBUS
COMBUSTIBLE
CEL
CONSTRUCCIÓ
DESCENS

DIRECCIÓ
TRIPULACIÓ
INFLAR
ALTURA
HISTÒRIA
HIDROGEN
MOTOR
PASSATGER
PILOT

26 - Aventure

```
B S Ó I S R U C X E G I P H S
E E Ó C W E N N O U J N E T J
L G O I G V G V P M C U R N I
L T G F C C F U D M F S I A K
E A Y Y B A W Ç R U G U L T N
S I U U U D R D E E W A L U I
A V V Q R O Z A K Ç T L Ó R T
A U V H X S E T P E R A S A I
G Ó I C A N I T S E D Z T L N
D I F I C U L T A T R O Y E E
E N T U S I A S M E E P O S R
V A L E N T I A Y J V L N A A
Z R P S O R P R E N E N T Z R
S L N A V E G A C I Ó L B J I
A C T I V I T A T K Q Y K M D
```

ACTIVITAT	ITINERARI
BELLESA	GOIG
VALENTIA	NATURALESA
PERILLÓS	NAVEGACIÓ
DESTINACIÓ	NOU
REPTES	PREPARACIÓ
DIFICULTAT	SEGURETAT
ENTUSIASME	SORPRENENT
EXCURSIÓ	VIATGES
INUSUAL	

27 - Ville

```
S U P E R M E R C A T E T W B
H O T E L P M G M D T S H G I
U N I V E R S I T A T T N N B
F Q Ç K R R O N D O A A C F L
L C S H T C E B A N C D L L I
O I W Q A I C S M Ç R I Í E O
R G Y V E N X M T C E F N C T
I Ò A L T E T Y R A M Q I A E
S L L L S M U J O M U U C N C
T O O S E A S E P F U R A A A
A O C G G R U Ç O Z B S A K K
T Z S I V V I W R X G B E N R
Ç N E J F U U A E V V J T U T
F A R M À C I A A H I S J B G
L L I B R E R I A M G O B C G
```

AEROPORT
BANC
BIBLIOTECA
FLECA
CINEMA
CLÍNICA
ESCOLA
FLORISTA
GALERIA
HOTEL

LLIBRERIA
MERCAT
MUSEU
FARMÀCIA
RESTAURANT
ESTADI
SUPERMERCAT
TEATRE
UNIVERSITAT
ZOOLÒGIC

28 - Ingénierie

```
D E N G R A N A T G E S P N E
L I Ç X T A E C J F S G R A O
D Q È I L L E R V R O T O M M
L W L S Y U N O T S S D P A E
Y Q V N E C E I A E F Ç U R S
X Q E B J L R W Z L M F L G U
Q E Q F U À G K U C Y À S A R
E M B K R C I Q T M T V I I A
L Í Q U I D A P Z N Ç S Ó D M
G P R O F U N D I T A T I E E
N D I S T R I B U C I Ó C I N
A N I U Q À M O Y K A Q A X T
C O N S T R U C C I Ó A T D L
I F O R Ç A W V F C Ç Z O V H
E S T A B I L I T A T B R M P
```

ANGLE
EIX
CÀLCUL
CONSTRUCCIÓ
DIAGRAMA
DIÀMETRE
DIÈSEL
DISTRIBUCIÓ
ENGRANATGES
ENERGIA

FORÇA
LÍQUID
MÀQUINA
MESURAMENT
MOTOR
PROFUNDITAT
PROPULSIÓ
ROTACIÓ
ESTABILITAT

29 - Énergie

```
C O N T A M I N A C I Ó Ç W H
I N D Ú S T R I A L I P N E I
Y L M E D I A M B I E N T L D
Z S F Y E L È C T R I C W E R
N U C L E A R J P O N T C C O
R T X Z I Z N K J L O S Z T G
E E N Q K K Ç W O A B W B R E
P N N M Y G J K U C R F X Ó N
Q S T O H S E Q E Q A P O K K
F W E R V M O T O R C Ç I T I
V E N T O A N I B R U T W T Ó
J K Q F G P B G A S O L I N A
D I È S E L I L A T W Y V Q I
Y R V L J X B A E K A O I R C
D P L Y E L B I T S U B M O C
```

PILA	HIDROGEN
CARBONI	INDÚSTRIA
COMBUSTIBLE	MOTOR
CALOR	NUCLEAR
DIÈSEL	FOTÓ
ENTROPIA	CONTAMINACIÓ
MEDI AMBIENT	RENOVABLES
GASOLINA	SOL
ELÈCTRIC	TURBINA
ELECTRÓ	VENT

30 - Cuisine

```
S  K  L  C  H  G  F  T  V  L  T  C  C  Z  K
R  C  M  W  V  Q  R  Z  Q  D  O  X  C  F  M
T  O  V  A  L  L  Ó  A  S  T  Z  B  D  O  T
O  X  D  W  U  L  A  R  E  V  E  N  C  R  A
R  V  C  I  L  B  X  R  E  L  P  Z  O  N  R
E  P  H  L  L  R  P  E  S  G  L  Ç  N  F  E
L  E  P  S  G  L  S  G  C  A  E  A  G  O  C
L  H  E  H  W  Ç  U  G  U  N  S  J  E  R  E
U  W  G  C  L  W  E  B  R  I  P  N  L  Q  P
C  U  L  L  E  R  E  S  A  V  È  O  A  U  T
D  A  V  A  N  T  A  L  D  E  C  P  D  I  A
Y  M  J  P  O  T  M  J  E  T  I  S  O  L  H
B  O  L  I  G  S  I  E  N  S  E  E  R  L  X
S  P  U  S  E  S  S  A  T  E  S  C  Z  E  P
T  R  Ç  R  J  Y  V  V  S  V  M  S  M  S  B
```

ESCURADENTS	FORQUILLES
BOL	GRAELLA
BULLIDOR	CULLEROT
CONGELADOR	MENJAR
GANIVETS	POT
GERRA	RECEPTA
CULLERES	NEVERA
ESPÈCIES	TOVALLÓ
ESPONJA	DAVANTAL
FORN	TASSES

31 - Corps Humain

```
D  B  U  S  C  V  N  Y  O  R  E  Z  L  O  C
I  I  I  A  R  A  C  A  O  T  S  L  D  X  J
R  M  T  N  C  D  C  C  S  O  P  L  F  B  G
W  B  N  G  T  Z  T  O  L  D  A  A  F  B  B
N  S  T  N  F  J  A  B  Q  J  T  V  Y  E  Ç
M  A  N  D  Í  B  U  L  A  W  L  I  Z  X  Z
C  T  V  F  U  O  W  L  S  C  L  S  U  D  B
L  E  A  M  Ç  K  P  E  L  L  A  E  I  M  P
K  B  T  Q  À  H  A  M  L  L  L  O  C  L  O
W  R  K  S  Ç  Q  C  R  E  O  L  G  P  V  P
B  A  B  A  F  Y  G  U  V  N  E  A  A  O  V
T  B  L  F  Y  K  A  T  R  E  R  J  F  D  F
Q  N  E  P  I  O  C  W  E  G  O  S  Y  G  P
G  Q  M  L  E  E  G  K  C  Y  C  P  X  S  T
M  A  B  Ç  E  S  T  Ó  M  A  C  C  O  R  N
```

BOCA	LLAVIS
CERVELL	MÀ
TURMELL	MANDÍBULA
COLL	BARBETA
COLZE	NAS
COR	ORELLA
DIT	PELL
ESTÓMAC	SANG
ESPATLLA	CAP
GENOLL	CARA

32 - Biologie

```
Z  G  J  I  H  M  L  P  C  T  Ç  T  Q  O  N
N  J  S  X  F  O  U  Y  H  I  K  A  G  S  E
A  L  I  T  P  È  R  T  B  Y  A  J  Q  M  R
N  E  U  R  O  N  A  M  A  C  Y  D  D  O  V
C  S  L  E  E  W  G  I  O  C  A  F  A  S  I
N  R  I  F  G  L  O  Z  C  N  I  F  N  I  E
A  U  O  Í  I  R  C  N  T  Q  A  Ó  A  S  V
T  A  Ç  M  S  I  R  E  T  C  A  B  T  O  O
U  R  P  A  O  C  E  L  ·  L  A  S  O  I  L
R  O  G  M  T  S  P  B  U  N  C  I  M  B  U
A  A  N  Ï  E  T  O  R  P  U  B  N  I  M  C
L  V  H  Ó  I  R  B  M  E  A  T  A  A  I  I
X  S  Y  C  A  D  L  F  A  W  X  P  V  S  Ó
C  O  L  ·  L  A  G  E  N  Y  I  S  U  W  T
F  O  T  O  S  Í  N  T  E  S  I  I  D  K  A
```

ANATOMIA	MUTACIÓ
BACTERIS	NATURAL
CEL·LA	NERVI
CROMOSOMA	NEURONA
COL·LAGEN	OSMOSI
EMBRIÓ	FOTOSÍNTESI
ENZIM	PROTEÏNA
EVOLUCIÓ	RÈPTIL
HORMONA	SIMBIOSI
MAMÍFER	SINAPSI

33 - Épices

```
W M L L O N O F R C Q G C U T
I V B U G H O N A G R E S I Y
L H N A L L S U C E B A A B Z
N C U R R I T A M Q G I L E U
B J Ç F N I C R B O I F O K E
X C E O H Ç V Z N O S M Z Ç O
C A R D A M O M L G R C I K A
W L B K E R P X Ç Q W A A X M
L L E M R E V E R B E P U D F
U I G R A M A P B G T M M J A
W N N X S A F R À R W L B P Ç
A I I V F H K B T Q E Ç O W W
S A G C A N Y E L L A A N Í S
F V H R E G A L È S S I A Ç B
C O R I A N D R E C O M Í Ç O
```

AGRE
ALL
AMARG
ANÍS
CANYELLA
CARDAMOM
CORIANDRE
COMÍ
CURRI
FONOLL

GINGEBRE
NOU MOSCADA
CEBA
PEBRE VERMELL
PEBRE
REGALÈSSIA
SAFRÀ
SABOR
SAL
VAINILLA

34 - Agronomie

```
R F Y E R E C E R C A E Y Q C
N Z G R C P R O D U C C I Ó R
O O B S R O V A L L B X V B E
Ó U Q T R Ç L C I È N C I A I
I E R O S I Ó O G Ç B X T R X
C Z I H S V K D G Ç O G T U E
A E T N E I B M A I D E M R M
N V S E I A I G U A A A Z A E
I D E N T I F I C A C I Ó L N
M B R J L J B X E I T I M M T
A M U L A B Q E S G M U S N Ç
T Q D Y L V A V T R A J N E M
N S R K A Y V E U E E W I U K
O D E Z M I Z K D N D K X K D
C Ç V L H G T R I E Y Y X M K
```

CREIXEMENT	IDENTIFICACIÓ
AIGUA	VERDURES
ADOB	MALALTIES
MEDI AMBIENT	MENJAR
ECOLOGIA	CONTAMINACIÓ
ENERGIA	PRODUCCIÓ
EROSIÓ	RECERCA
ESTUDI	RURAL
LLAVORS	CIÈNCIA

35 - Science

```
E N Y J T D S P T L L N A G H
X A I R O T A R O B A L I R I
P T I J C T Q D Q N I Y G A P
E U U O P K L I E L O H B V Ò
R R F U J I I Ó B S L C K E T
I A Í T E M S I N A G R O T E
M L S N V O S C I M Í U Q A S
E E I K O F Ò A R Ç L H N T I
N S C P L V F V M È T O D E K
T A A Ç U Ç G R T B M K H F L
À I O M C K S E L U C È L O M
X T Q N I D W S L A R E N I M
T O O A Ó L H B X A O W O G K
F T Z M P R C O Z Q T M C W G
T I O V W P A R T Í C U L E S
```

ÀTOM
QUÍMIC
CLIMA
DADES
EXPERIMENT
EVOLUCIÓ
FET
FÒSSIL
GRAVETAT
HIPÒTESI

LABORATORI
MÈTODE
MINERALS
MOLÈCULES
NATURALESA
OBSERVACIÓ
ORGANISME
PARTÍCULES
FÍSICA

36 - Vêtements

```
S B W P X Y V Ç L R G E S M B
S A A L L I D L A F T U U F M
V S B R W G F B S Y G I È X V
M U S A R K X U I H D U T V Z
G R K R T E E F M C B F E T G
U B C C S A T A A K S I R E O
A P I J A M A N C I N T U R Ó
N Ç R X Q J R D J J O I D A Ç
T H B T K J E A O P L T A L W
S N A X E T S S C M A S V L B
D L D U P M L Q R Z T E A O I
L O S H Z M O J D J N V N C F
I I G C C E P Q A H A I T C C
S A N D À L I E S X P Z A S Y
J A Q U E T A E S G S Y L S X
```

POLSERA
CINTURÓ
BARRET
SABATA
CAMISA
BRUSA
COLLARET
BUFANDA
GUANTS
TEXANS

FALDILLA
ABRIC
MODA
PANTALONS
SUÈTER
PIJAMA
VESTIT
SANDÀLIES
DAVANTAL
JAQUETA

37 - Méditation

```
S G Q W Z E A C I S Ú M B P V
H À B I T S M G F M K E O A A
A T E N C I Ó O R M X G N U S
Ó I C A T P E C C A Q S D V E
C O M P A S S I Ó I Ï V A L L
K V K T J D G N Ó L O M T A A
P E R S P E C T I V A N E T R
M D E S P E R T C C D S S N U
S O Z P U R M Ç A O A N R E T
I Y V P J N Q R V G C A L M A
L X G I K O J A R U T S O P N
E X V A M T A D E R A L C W Y
N U B U E E I I S Q T T B N I
C V Z V Y J N N B X O P H K K
I H F X Z G O T O O R M F Z J
```

ACCEPTACIÓ
ATENCIÓ
CALMA
CLAREDAT
COMPASSIÓ
EMOCIONS
DESPERT
BONDAT
AGRAÏMENT
HÀBITS

MENTAL
MOVIMENT
MÚSICA
NATURALESA
OBSERVACIÓ
PAU
PERSPECTIVA
POSTURA
SILENCI

38 - Littérature

```
D  K  M  V  U  O  W  N  G  T  P  A  N  H  X
I  S  X  L  R  M  G  Ó  A  K  Q  O  R  C  R
À  A  B  R  P  E  S  T  I  L  F  Ç  E  I  O
L  K  C  I  T  È  O  P  G  C  K  P  W  M  D
E  N  E  M  D  D  A  T  O  D  C  È  N  A  A
G  M  V  A  Q  K  V  W  L  M  C  I  Q  L  R
G  H  T  A  U  T  O  R  A  G  O  Ç  F  ·  R
B  B  F  I  U  I  G  D  N  J  N  I  I  L  A
B  I  O  G  R  A  F  I  A  P  C  E  M  E  N
C  O  M  P  A  R  A  C  I  Ó  L  D  M  V  I
C  A  A  N  À  L  I  S  I  H  U  R  C  O  T
Z  P  M  Ó  I  C  P  I  R  C  S  E  D  N  R
R  Q  E  Q  M  N  U  D  K  T  I  M  Ç  M  P
M  E  T  À  F  O  R  A  I  X  Ó  Ç  Q  B  L
Y  B  U  J  Q  C  T  R  A  G  È  D  I  A  U
```

ANALOGIA	METÀFORA
ANÀLISI	NARRADOR
ANÈCDOTA	POEMA
AUTOR	POÈTIC
BIOGRAFIA	RIMA
COMPARACIÓ	NOVEL·LA
CONCLUSIÓ	RITME
DESCRIPCIÓ	ESTIL
DIÀLEG	TEMA
FICCIÓ	TRAGÈDIA

39 - Nourriture #1

```
F  B  Z  E  K  V  Y  J  A  X  Z  S  P  C  H
W  Z  E  P  C  M  K  A  H  V  A  U  L  A  D
P  I  C  T  E  L  L  G  F  I  V  C  U  N  H
E  E  Z  D  B  A  N  A  P  B  W  Z  F  Y  Z
R  R  R  H  A  F  E  N  X  O  K  O  C  E  Ç
X  C  K  A  A  A  M  A  N  I  D  A  A  L  O
U  U  Y  T  P  N  F  T  W  D  U  P  F  L  M
Z  S  S  Q  E  O  N  S  H  R  J  D  È  A  E
M  W  S  R  E  M  S  A  B  O  C  B  A  E  N
I  C  M  L  T  I  B  P  P  X  P  D  W  M  J
P  B  U  X  Z  L  L  A  T  O  N  Y  I  N  A
B  D  B  L  L  L  E  S  P  I  N  A  C  S  C
D  R  Ç  P  J  A  L  F  À  B  R  E  G  A  X
I  X  S  F  B  H  A  M  A  R  A  G  G  I  O
O  K  R  X  U  W  S  Ç  X  O  C  D  Z  Z  Q
```

ALL	NAP
ALFÀBREGA	CEBA
CAFÈ	ORDI
CANYELLA	PERA
PASTANAGA	AMANIDA
LLIMONA	SAL
ESPINACS	SOPA
MADUIXA	SUCRE
SUC	TONYINA
LLET	CARN

40 - Jours et Mois

```
D P W Q Ç R W F D K U Q R G W
S I D K C L S R E I N G W I O
E O M V Z A V F R B J J Z T O
T I E E Ç B T S B N R O O Q V
M R R G C Ç Y N U J C E U K M
A A B N O R L V T P C D R S Y
N D M E R A E U C P O I S N P
A N E M L M T S O G A L W U D
Q E V U K P R E N E G J M L I
S L O I L U J M A B R I L L S
K A N D S E T E M B R E L I S
K C T I H D I M A R T S L D A
D I V E N D R E S V Y M E A B
Ç U F T V Ç B R G C E X M Q T
C Q E I X X E T M F T L F O E
```

AGOST	DIMARTS
ABRIL	MARÇ
CALENDARI	DIMECRES
DIUMENGE	MES
FEBRER	NOVEMBRE
GENER	OCTUBRE
DIJOUS	DISSABTE
JULIOL	SETMANA
JUNY	SETEMBRE
DILLUNS	DIVENDRES

41 - Jardinage

```
E S T A C I O N A L R A M N Ç
W Z I U J X M F Z Ò T V G N Q
Q U S G A L Q À T S O P M O C
H U M I T A T D N S Ç W F T I
Z E W A G R M Z Z E R U A F T
C I N À T O B T F I G E Y A E
T O A J R L Q S F C Ç A D M G
L C N R O F W K X È Ç X M I T
F L F T H A Ç E Q P F U L L A
L O A Y E L B I T S E M O C L
O N B V Y N T F W E E Y A P L
R J J K O C I T Ò X E P G X U
I U E P Q R Y D Y U T E O G F
T T A T L I S P O E L X Z Ç U
B W X A I C Í T U R B I T U W
```

BOTÀNIC
RAM
CLIMA
COMESTIBLE
COMPOST
AIGUA
ESPÈCIE
EXÒTIC
FULLATGE
FULLA

FLOR
FLORAL
LLAVORS
HUMITAT
CONTENIDOR
ESTACIONAL
BRUTÍCIA
SÒL
MÀNEGA
HORT

42 - Entreprise

```
T  S  O  P  U  S  S  E  R  P  F  L  I  R  C
I  R  M  Y  R  C  O  M  K  H  P  I  N  J  A
M  E  A  O  M  Q  N  P  L  I  E  H  V  I  R
P  N  N  N  O  Ç  X  L  O  Z  E  Z  E  N  R
O  I  I  E  S  A  D  E  N  O  M  F  R  G  E
S  D  C  C  E  A  S  A  C  U  P  À  S  R  R
T  I  I  O  C  G  C  T  Y  H  R  B  I  E  A
O  C  F  N  N  I  V  C  M  D  E  R  Ó  S  S
S  I  O  O  A  T  E  H  I  R  S  I  E  S  E
M  F  Q  M  N  O  N  S  V  Ó  A  C  E  O  R
K  E  G  I  I  B  D  U  C  L  R  A  Z  S  P
A  Ç  A  F  O  A  W  J  T  I  W  I  M  M
M  E  R  C  A  D  E  R  I  E  S  Z  U  D  E
A  B  L  D  L  P  Y  R  K  K  F  O  Q  S  T
X  U  M  L  Ç  E  K  J  R  A  R  S  C  V  K
```

DINERS	ECONOMIA
BOTIGA	FINANCES
PRESSUPOST	IMPOSTOS
OFICINA	INVERSIÓ
CARRERA	MERCADERIES
COST	BENEFICI
MONEDA	INGRESSOS
EMPRESARI	TRANSACCIÓ
EMPLEAT	FÀBRICA
EMPRESA	VENDA

43 - Activités

```
S  T  D  T  A  T  I  V  I  T  C  A  R  T  J
O  Y  W  W  C  X  Y  W  A  N  À  I  A  U  A
S  G  L  M  À  G  I  A  L  P  M  F  C  W  R
S  E  N  D  E  R  I  S  M  E  P  A  S  H  D
E  I  B  M  W  D  O  C  A  G  I  R  E  A  I
R  G  L  Y  P  O  B  O  O  I  N  G  P  B  N
E  F  R  G  V  H  Z  J  V  P  G  O  R  I  E
T  L  E  C  T  U  R  A  O  G  B  T  E  L  R
N  I  T  S  C  A  Q  S  Z  K  C  O  L  I  I
I  A  R  T  E  S  A  N  I  A  O  F  A  T  A
P  S  C  Z  L  A  Z  Ç  Ç  X  S  O  X  A  F
Ç  L  R  O  I  K  K  M  A  G  I  R  A  T  I
W  P  A  R  U  T  N  I  P  C  R  D  C  X  V
S  K  Y  E  C  E  R  À  M  I  C  A  I  P  B
I  H  X  L  R  U  U  L  Q  I  W  M  Ó  L  Ç
```

ACTIVITAT	JOCS
ART	LECTURA
ARTESANIA	OCI
CÀMPING	MÀGIA
CERÀMICA	PINTURA
CAÇA	PESCAR
HABILITAT	FOTOGRAFIA
COSIR	PLAER
INTERESSOS	SENDERISME
JARDINERIA	RELAXACIÓ

44 - Mode

```
E L E G A N T O L E D T S D A
M K O Ç C U A Y R N Y E E Ç S
W O W J I K D E Z C C N N V S
Ç T D Ç O K O M U A F D Z E E
F D G E C H R E Z I A È I R Q
S C D L S Z B V C X I N L Y U
L O B A E T I X I E T C L O I
T W F N N T R C H L K I R Ç B
E U Q I T U O B A B G A W J L
M B D G S N G Y Ó R T A P L E
O O I I A T S I L A M I N I M
D T V R N Y I W H B S N L T C
E O L O Ç S F C E O V N Q S E
R N P Ç A H Y D A R U T X E T
N S P R À C T I C T F O G Y Ç
```

ASSEQUIBLE
BOUTIQUE
BOTONS
BRODAT
CAR
ENCAIX
ELEGANT
MINIMALISTA
MODERN
MODEST

PATRÓ
ORIGINAL
PRÀCTIC
SENZILL
SOFISTICAT
ESTIL
TENDÈNCIA
TEXTURA
TEIXIT
ROBA

45 - Nourriture #2

```
H X C S P K P X Q K D L J N I
V O B I L Z A D K I Ç A B A X
M I Y P R X I A N W C J B T O
Y D B A T E L O B I M X B À C
A R R Ò S L R B R Ò Q U I L O
I D A P O M A A C A O G O P L
N P T M P O L L A S T R E E A
Í K H T E T O M À Q U E T I T
G L I Z B T A L B U E C D X A
R J J J H P L Ç L J K C M O T
E P Q R T E G L O A Z Y Z H F
B G K Q K R X A A V N R D I K
L K Q O G N A M S L A E M Z E
A U Z X U I F I I G V X X U Q
J U X O N L A C N R A Ï M X D
```

AMETLLA
ALBERGÍNIA
PLÀTAN
BLAT
BRÒQUIL
CIRERA
API
BOLET
XOCOLATA
PERNIL

KIWI
MANGO
OU
PA
PEIX
POMA
POLLASTRE
RAÏM
ARRÒS
TOMÀQUET

46 - Algèbre

```
G O R E Z N W J A O M F F C S
X R C C N E Y C L T A R A P I
X E À Z F R Q D V E T A I F M
V M I F F O P U E O R C N Ó P
A Ú S K I T R S A K I C F R L
R N U G S C O L O C U I I M I
I A I A E A B A B L I Ó N U F
A I B T T F L F R I U Ó I L I
B Y T O N X E M J K T C T A C
L L P H È C M N N T I D I R A
E A M A R G A I D N P M D Ó R
U E T T A Q U A N T I T A T G
W N Y S P E X P O N E N T Y L
D I Y E Q D L D X C Q S J H D
E L U R I X C U A Y H U V Z M
```

DIAGRAMA
EXPONENT
EQUACIÓ
FACTOR
FALS
FÓRMULA
FRACCIÓ
GRÀFIC
INFINIT
LINEAL

MATRIU
NÚMERO
PARÈNTESI
PROBLEMA
QUANTITAT
SIMPLIFICAR
SOLUCIÓ
RESTA
VARIABLE
ZERO

47 - Océan

```
O P E I X M F U Z Í O N E S A
S P B E F R E G G F M X J X T
T O L O J N X D T O N Y I N A
R P U Q R U H E U D T N D H J
A A N G U I L A K S C A A X N
C N E Z K P B Ç G A E T X K O
R Ó W V P W U H X T E S U K P
A R G A M B A G V V T E P L S
B U F B E V Ç H S U Ç P D N E
Q A L A S A S F X Q Z M M Z G
Y T L A R O C M A R E E S A N
W Ç U E W G A N X Q V T P I O
O E C F N G E H A P C P S N E
G V S Ç R A G U T R O T N Z E
M H E B T M A H I X C W Q T O
```

ANGUILA
BALENA
BARCA
CORAL
CRANC
GAMBA
DOFÍ
ESPONJA
OSTRA
MAREES

MEDUSES
PEIX
POP
TAURÓ
ESCULL
SAL
TEMPESTA
TONYINA
TORTUGA
ONES

48 - Antiquités

```
V A U T È N T I C V C R E S H
X A S R F T Q L N E O E S T I
I S L F O R D U S L D S C S G
N V T O S Ç U H X L E T U U A
V P S E R U T N I P C A L B L
E R X N I K N O B T O U T H E
R E L G E S A F F J R R U A R
S U T E P X G E D W A A R S I
I P S A I R E I O J T C A T A
Ó F E B T D L R S S I I D A B
Ç P D L Z I E G R A U Ó U J C
R L E S T I L I N U S U A L R
G W N Ç R Ç P A P M O B L E S
V K O E H M Z Ç U M T S P P X
Ç G M E K Z S I G Q L I N M B
```

ART
AUTÈNTIC
JOIERIA
DECORATIU
SUBHASTA
ELEGANT
GALERIA
INUSUAL
INVERSIÓ
MOBLES

PINTURES
MONEDES
PREU
QUALITAT
RESTAURACIÓ
ESCULTURA
SEGLE
ESTIL
VALOR
VELL

49 - Boxe

```
C B H B P V N R Z Z K O T A S
P O U G H D T W I M C B K J Y
L U R C A M P A N A O P K H Z
G Ç N D I P À R T Y S U C O F
H N E T E Z L O C I P H D Ç D
P P S N S S P I Ç Z L Q V G C
U P G E T P P Q S N O I S E L
N À O N N B A R B E T A B F L
Y R T O A Ç R O F A Y A K A E
Ç B A P U L L U I T A D O R H
C I T O G C A N T O N A D A S
A T W D Y V M V L B M T K R Y
K R E N X I G K Z D D N T H V
G E N G Ó I C A R E P U C E R
Y N A O Q P I A K D W P V O F
```

OPONENT	COLZE
ÀRBITRE	PUNTADA
LESIONS	ESGOTAT
CAMPANA	FORÇA
CANTONADA	GUANTS
LLUITADOR	BARBETA
HABILITAT	PUNY
FOCUS	PUNTS
CORDES	RÀPID
COS	RECUPERACIÓ

50 - Réchauffement Climatique

```
M  C  C  C  W  Ç  X  G  W  W  P  F  W  Z  W
S  N  O  I  C  A  L  B  O  P  A  A  D  Ç  C
A  B  M  T  G  F  Ç  X  P  V  Ç  S  L  K  R
G  B  H  R  I  D  A  D  E  S  E  A  A  R  A
H  R  K  À  F  N  E  B  X  O  C  R  T  U  I
U  U  F  W  B  Ó  D  G  D  C  R  D  N  O  G
W  V  E  V  B  I  R  Ú  R  F  W  N  E  A  R
D  Q  U  V  B  C  T  A  S  P  X  I  I  W  E
F  U  T  U  R  N  B  A  R  T  B  D  B  A  N
C  L  I  M  A  E  Y  X  T  K  R  C  M  C  E
E  O  F  Z  C  T  Ç  A  Q  S  N  I  A  A  K
S  N  O  I  C  A  R  E  N  E  G  S  A  N  C
L  E  G  I  S  L  A  C  I  Ó  K  I  D  V  F
C  I  E  N  T  Í  F  I  C  X  I  R  K  I  A
H  H  D  H  X  B  D  L  Q  Y  O  C  S  S  L
```

ÀRTIC	GAS
ATENCIÓ	GENERACIONS
CANVIS	GOVERN
CLIMA	HÀBITATS
CRISI	INDÚSTRIA
DADES	LEGISLACIÓ
AMBIENTAL	ARA
ENERGIA	POBLACIONS
FUTUR	CIENTÍFIC

51 - Ballet

```
A  C  I  N  C  È  T  L  I  V  Ç  M  Q  E  C
N  U  I  O  E  N  A  X  F  S  Y  L  E  X  O
R  L  B  T  A  T  I  L  I  B  A  H  Q  P  R
D  I  Q  S  S  N  I  R  A  L  L  A  B  R  E
Ç  S  R  E  E  Í  C  V  X  B  G  F  B  E  O
Y  T  Z  G  K  U  T  K  Ç  L  H  Z  O  S  G
E  S  T  I  L  C  Q  R  S  Ç  I  L  M  S  R
S  T  N  E  M  I  D  U  A  L  P  A  Ú  I  A
M  A  N  I  R  A  L  L  A  B  S  H  S  U  F
Ú  I  N  T  E  N  S  I  T  A  T  U  I  L  I
S  C  S  O  L  O  A  Z  J  R  E  Z  C  R  A
C  A  R  T  S  E  U  Q  R  O  I  J  A  M  O
U  R  O  T  I  S  O  P  M  O  C  T  J  R  A
L  G  I  A  S  S  A  K  A  R  L  S  M  Q  L
S  A  A  U  D  I  È  N  C  I  A  I  I  E  N
```

APLAUDIMENTS	INTENSITAT
ARTÍSTIC	MÚSCULS
BALLARINA	MÚSICA
COREOGRAFIA	ORQUESTRA
HABILITAT	AUDIÈNCIA
COMPOSITOR	ASSAIG
BALLARINS	RITME
EXPRESSIU	SOLO
GEST	ESTIL
AGRACIAT	TÈCNICA

52 - Fruit

```
K Q S T A R O N J A P O M A Q
Y L W D I N A T À L P Ó Ï Y I
B L J C A C O C R E B L A N O
N A I E P P U M E C T E R I Q
E G I H A R E R I C W M R P T
C W D A P P R P C L P E R A P
T D T H G R Q C Q I L K I W I
A Q G Z Q É F I G A S A I G Z
R G S S R S A L V O C A T P A
I X U Ç W S S R H L R M P Z S
N N B A B E G C B Ç O A K N L
A S A O I C R W Ç U K N H Ç A
D S V G E A X W D S C G W E V
G E R D O Ç B A Q K F O H N U
M P K Z A H Z A Ç N C Q N H C
```

ALBERCOC	KIWI
PINYA	MANGO
ALVOCAT	MELÓ
BAIA	NECTARINA
PLÀTAN	TARONJA
CIRERA	PAPAIA
LLIMONA	PRÉSSEC
FIGA	PERA
GERD	POMA
GUAIABA	RAÏM

53 - Musique

```
B A L A D A I N O M R A H B P
L I R I N S T R U M E N T U S
L D M E X L A A Q G X C A Ç P
D O U Ç P G I T H G M H P E N
J L S F X Ò A N Z L I C K H X
X E I Ç Q À W A X P C I S Ú M
Ç M C I R Í L C M C R T G T N
N N A N O E K B J Ç Ò È V S N
C E L A C O V I U W F O Y H W
K L R Í T M I C Q M O P M E T
F M À E K D T N A T N A C Q X
Ç Z V S I M P R O V I S A R T
Q Y P A S H A R M Ò N I C P B
R B J O S I R I T M E V L N E
B H X E H M C T L E C K E X F
```

ÀLBUM
BALADA
CANTAR
CANTANT
CLÀSSIC
HARMONIA
HARMÒNIC
IMPROVISAR
INSTRUMENT
LÍRIC

MELODIA
MICRÒFON
MUSICAL
MÚSIC
ÒPERA
POÈTIC
RITME
RÍTMIC
TEMPO
VOCAL

54 - L'Entreprise

```
I M L A N O I S S E F O R P X
G I A I T P C N U Y Ç I W R S
R N B R E R Ç O V P L U E B Z
I N O T N O C I I E E S Z H Ç
S O L S D D Ç N X U R O G Z N
C V G Ú È U O G J Y D S Ó G E
O A C D N C P R K R Ç R I Q G
S D R N C T X E Q I K U C Ó O
É O E I I E K S U P K C A J C
R R A G E Z P S A C U E T P I
G H T W S H H O L L R R U C M
O K I H T Ó I S I C E D P H Z
R F U W Ó I C A T N E S E R P
P U N I T A T S A K P F R K H
O C U P A C I Ó T T R A S Y D
```

NEGOCI
CREATIU
DECISIÓ
OCUPACIÓ
GLOBAL
INDÚSTRIA
INNOVADOR
INVERSIÓ
PRESENTACIÓ
PRODUCTE

PROFESSIONAL
PROGRÉS
QUALITAT
RECURSOS
INGRESSOS
REPUTACIÓ
RISCOS
TENDÈNCIES
UNITATS

55 - Gouvernement

```
I  G  U  A  L  T  A  T  V  G  Ç  L  E  B  H
A  V  I  B  I  Ç  J  L  W  Q  A  L  K  N  P
I  S  G  F  V  C  D  B  Ç  K  Ó  I  C  A  N
C  L  Í  C  I  J  E  T  M  K  A  B  I  N  C
N  E  Ç  M  C  E  U  K  M  V  I  E  F  A  O
È  Q  A  O  B  Y  N  S  P  W  C  R  Í  C  N
D  Ó  C  M  B  O  W  R  T  N  À  T  C  I  S
N  I  I  L  V  J  L  U  N  Í  R  A  A  O  T
E  S  T  A  T  B  T  C  E  U  C  T  P  N  I
P  S  Í  I  E  L  L  S  M  Y  O  I  U  A  T
E  U  L  C  X  J  H  I  U  W  M  S  A  L  U
D  C  O  I  W  F  Q  D  N  C  E  P  U  M  C
N  S  P  D  Z  Ç  H  H  O  Q  D  B  Ç  S  I
I  I  B  U  Q  D  N  M  M  D  R  E  T  S  Ó
K  D  M  J  C  I  U  T  A  D  A  N  I  A  Y
```

CIUTADANIA	JUDICIAL
CIVIL	JUSTÍCIA
CONSTITUCIÓ	LLIBERTAT
DEMOCRÀCIA	LLEI
DISCURS	MONUMENT
DISCUSSIÓ	NACIÓ
DRETS	NACIONAL
IGUALTAT	PACÍFIC
ESTAT	POLÍTICA
INDEPENDÈNCIA	SÍMBOL

56 - Randonnée

```
H  T  B  C  P  E  D  R  E  S  B  E  A  C  D
B  T  C  L  S  A  L  V  A  T  G  E  M  A  L
D  Y  Ó  I  C  A  R  A  P  E  R  P  A  N  C
Ç  J  N  M  G  T  A  S  E  P  O  I  I  S  À
I  B  T  A  G  E  S  A  Y  N  E  P  G  A  M
N  L  O  S  O  M  W  C  A  T  E  A  U  T  P
A  B  L  T  N  P  N  A  M  N  Ç  K  I  I  I
T  I  Q  Y  E  S  V  N  Ç  P  I  I  E  G  N
U  M  P  J  A  S  F  A  Y  Ç  A  M  S  G  G
R  A  U  G  I  A  F  X  K  Z  B  R  A  G  Y
A  P  O  R  I  E  N  T  A  C  I  Ó  C  L  N
L  A  Y  N  A  T  N  U  M  S  Ç  J  K  S  S
E  M  O  U  R  X  R  I  J  X  W  Z  L  B  X
S  C  I  M  E  R  A  H  O  G  N  S  D  D  K
A  P  L  X  T  X  H  Z  Ç  F  D  T  M  T  Ç
```

ANIMALS
BOTES
CÀMPING
MAPA
CLIMA
AIGUA
PENYA-SEGAT
CANSAT
GUIES
PESAT

TEMPS
MUNTANYA
NATURALESA
ORIENTACIÓ
PARCS
PEDRES
PREPARACIÓ
SALVATGE
SOL
CIMERA

57 - Art

```
I  P  C  S  E  N  Z  I  L  L  A  H  E  V  P
N  I  K  R  A  T  A  R  T  E  R  U  E  I  E
S  N  S  T  E  D  H  A  T  S  Y  M  M  S  R
P  T  C  S  L  A  P  T  Q  N  N  O  S  U  S
I  U  G  E  C  V  R  G  K  F  Y  R  I  A  O
R  R  L  N  R  M  X  A  W  M  Ó  N  L  L  N
A  E  N  O  D  À  O  R  I  G  I  N  A  L  A
T  S  X  H  I  E  M  F  D  R  C  P  E  O  L
O  N  E  Z  W  J  O  I  Y  K  I  O  R  B  E
S  T  L  X  Z  W  A  X  C  E  S  E  R  M  A
E  X  P  R  E  S  S  I  Ó  A  O  S  U  Í  R
O  Q  M  N  B  S  M  K  Z  Q  P  I  S  S  Q
I  G  O  R  Y  B  R  X  W  B  M  A  T  Ç  F
C  Q  C  O  T  I  W  T  P  N  O  K  O  U  Q
T  E  M  A  A  R  U  T  L  U  C  S  E  Q  I
```

CERÀMICA	ORIGINAL
COMPLEX	PINTURES
COMPOSICIÓ	PERSONAL
CREAR	POESIA
RETRATAR	ESCULTURA
EXPRESSIÓ	SENZILL
XIFRA	TEMA
HONEST	SURREALISME
HUMOR	SÍMBOL
INSPIRAT	VISUAL

58 - Nutrition

```
T P E S G D S E I C È P S E P
T O Z F R I A Z T P Y K U A R
L V X W B E L T B F N M J P O
C S X I Ç T U Q F P C M F E T
A C R H N A D S A L S A E T E
L X O S H A A V X K B Q R I Ï
O G B M M G B C S A C Q M T N
R X A C E H L E V A O U E V E
I K S Q N S E Z S M S A N I S
E K Ç Ç A C T T P N A L T T D
S Ç A N L Ç X I S T L I A A I
D I G E S T I Ó B Y U T C M U
B A X D I U S X C L T A I I Q
E Q U I L I B R A T E T Ó N Í
Q I A M A R G L A Z Q J P A L
```

AMARG
APETIT
CALORIES
COMESTIBLE
DIETA
DIGESTIÓ
ESPÈCIES
EQUILIBRAT
FERMENTACIÓ
LÍQUIDS

PES
PROTEÏNES
QUALITAT
SALUDABLE
SALUT
SALSA
SABOR
TOXINA
VITAMINA

59 - Créativité

```
A S E D Ï U L F S C S W I C D
M R G X J Z Ç P J V E I M L G
F A T A P V L O V W N N A A Z
T U A Í T R B I F R S T G R D
M T M V S E E D I T A U I E I
K E I I N T Ó S J A C Ï N D N
D N N T O A I V S T I C A A S
R T A A I T S C I I Ó I C T P
A I T L C I S P B S Ó Ó I Z I
M C N I O L E K I N I A Ó J R
À I O T M I R V X E I O Y D A
T T P A E B P W Ç T T Y N V C
I A S T K A M B P N H O J S I
C T E C O H I E D I H H Q Y Ó
I N V E N T I V A X X U N U S
```

ARTÍSTIC	IMAGINACIÓ
AUTENTICITAT	IMPRESSIÓ
CLAREDAT	INSPIRACIÓ
HABILITAT	INTENSITAT
DRAMÀTIC	INTUÏCIÓ
EXPRESSIÓ	INVENTIVA
EMOCIONS	SENSACIÓ
FLUÏDESA	ESPONTANI
IDEES	VISIONS
IMATGE	VITALITAT

60 - Science Fiction

```
T M A K F S O F M E R T X E E
F I T C U D R R U X A F J E S
T S Ò F T U A W D P D F P O C
K T M Z U V C D Ç L L S P V E
P E I J R O L O Q O X E E O N
L R C C I F E D F S L Q D O A
A I Ó I S U L · L I H A M P R
N Ó Q T T M Ó N C Ó Q Q N S I
E S F S A L A R E A L I S T A
T E O À D I I M A G I N A R I
A R V T S T X W B C I N E M A
H B P N K J R À R O B O T S S
E I R A A I G O L O N C E T H
A L P F S W E C V A I P O T U
R L S U R B R N I C G V E Q W
```

ATÒMIC	LLIBRES
CINEMA	MÓN
EXPLOSIÓ	MISTERIÓS
EXTREM	ORACLE
FANTÀSTIC	PLANETA
FOC	REALISTA
FUTURISTA	ROBOTS
GALÀXIA	ESCENARI
IL·LUSIÓ	TECNOLOGIA
IMAGINARI	UTOPIA

61 - Professions #1

```
I  N  F  E  R  M  E  R  A  N  Z  C  B  F  G
G  S  Ç  J  L  A  T  S  I  P  M  A  L  F  C
H  Q  J  S  C  Z  T  A  E  S  Ç  T  J  B  I
P  O  T  H  T  V  N  S  B  Y  R  K  O  A  E
C  A  Ç  A  D  O  R  V  I  E  O  A  I  N  N
C  A  R  T  Ò  G  R  A  F  N  D  P  E  Q  T
A  E  V  G  E  Ò  L  E  G  B  A  S  R  U  Í
N  S  D  Y  Q  V  R  X  C  O  X  I  R  E  F
I  V  T  I  M  Ú  S  I  C  M  I  C  P  R  I
R  T  M  R  T  H  U  O  O  B  A  Ò  U  V  C
A  W  I  D  Ò  O  F  H  Z  E  B  L  Ç  B  M
L  N  E  C  O  N  R  H  Ç  R  M  E  S  J  P
L  M  E  T  G  E  O  V  C  Z  A  G  W  F  D
A  U  C  L  Y  W  R  M  A  D  V  O  C  A  T
B  E  N  T  R  E  N  A  D  O  R  O  U  F  F
```

AMBAIXADOR	GEÒLEG
ASTRÒNOM	INFERMERA
ADVOCAT	METGE
BANQUER	MÚSIC
JOIER	PIANISTA
CARTÒGRAF	LAMPISTA
CAÇADOR	BOMBER
BALLARINA	PSICÒLEG
ENTRENADOR	CIENTÍFIC
EDITOR	

62 - Géologie

```
W  C  G  J  Q  S  K  P  D  G  V  K  L  F  W
Y  E  O  A  Y  T  N  E  N  I  T  N  O  C  A
C  D  U  R  S  A  L  D  Z  A  S  A  F  E  Z
S  A  Q  D  A  B  T  R  I  H  S  J  S  C  G
Ç  U  Ç  D  F  L  K  A  O  C  G  W  J  A  C
G  U  È  I  S  E  R  V  P  Y  À  J  U  L  G
C  I  N  T  R  F  X  A  V  O  L  C  À  C  D
A  A  U  Z  A  I  I  L  Ó  Y  G  Y  T  I  K
N  N  P  L  U  B  X  M  I  N  E  R  A  L  S
R  O  R  A  Q  Z  C  N  S  P  B  B  S  I  O
E  Z  E  E  E  Q  Z  C  O  U  F  U  I  S  F
V  S  X  Ç  C  A  Q  B  R  Ç  C  N  S  S  Y
A  L  T  I  P  L  À  D  E  O  Q  P  V  Ò  H
C  R  I  S  T  A  L  L  S  P  H  A  Ç  F  G
E  S  T  A  L  A  C  T  I  T  A  P  N  R  J
```

ÀCID	GUÈISER
CALCI	LAVA
CAVERNA	MINERALS
CONTINENT	PEDRA
CORAL	ALTIPLÀ
CAPA	QUARS
CRISTALLS	SAL
EROSIÓ	ESTALACTITA
FOS	VOLCÀ
FÒSSIL	ZONA

63 - Jardin

```
G E S P A C T V Ç Q Y G E W I
Z V R O L F E I D U Z H S R F
J W N B E G R N U J I X T T M
L H K C R T R Y E J M O A Q D
V O H Z L A A A M T D C N A B
E R D Ç R T S Z V L Ç S Y B J
T T L J I Q S T B V Q C P V X
R N O V T E A I S Z I D Y F T
A S H S S E B R E H S E L A M
M C Y D U H G X I U A A Ò G N
P C C C B F E T A N C A S E C
O A G O R T S R A P A L A N W
L I L U A H E P B R M O E À Y
Í D R A J D F A E A A P A M T
R A S C L E T Z B O H G C K P
```

ARBRE	MALES HERBES
BANC	PALA
ARBUST	GESPA
TANCA	RASCLET
ESTANY	SÒL
FLOR	TERRASSA
GARATGE	TRAMPOLÍ
HAMACA	MÀNEGA
HERBA	HORT
JARDÍ	VINYA

64 - Santé et Bien Être #1

```
V F C D G X A E H H K C O E Q
V A A O Z E J N S R Q U R M Z
Ç R Q G D L P O S T U R A E P
G M A F B F V F J G K E L M L
B À E G T E M H O R M O N E S
X C S K X R A N I C I D E M I
Ó I S E L L A C Q K P F I Z R
F A C I N Í L C T E G P I A E
R I V V X A L E T I B À H L T
A P I X G C E W N A U C O T C
C À R O O Y K M P G M P X U A
T R U F K S W G E L Ç E I R B
U E S B M O S Q L S G M N A Q
R T X B X V Q O L E E D X T M
A F R Ç Z V X C S L U C S Ú M
```

ACTIU

BACTERIS

LESIÓ

CLÍNICA

FAM

FRACTURA

HÀBIT

ALTURA

HORMONES

METGE

MEDICINA

MÚSCULS

OSSOS

PELL

FARMÀCIA

POSTURA

REFLEX

TERÀPIA

TRACTAMENT

VIRUS

65 - Barbecues

```
P  G  O  D  H  P  P  Y  Y  G  Q  S  I  B  S
E  A  W  N  G  N  O  A  O  R  P  D  S  Y  A
B  R  O  X  T  T  P  L  J  O  G  T  D  B  L
R  Q  D  D  I  L  V  L  L  S  A  L  K  B  S
E  H  C  P  Q  A  F  E  P  A  R  N  Z  H  A
S  E  D  I  N  A  M  A  C  I  S  Ú  M  J  Y
X  C  P  N  O  H  A  R  Q  L  N  T  C  S  P
Z  H  O  E  S  J  F  G  L  Í  E  N  R  T  U
X  S  Z  J  T  Ç  K  T  E  M  N  E  E  E  Y
E  F  R  U  I  T  A  C  E  A  A  L  V  V  G
S  S  E  R  U  D  R  E  V  F  R  A  N  I  D
O  S  T  C  E  B  A  N  C  O  I  C  E  N  G
P  O  X  I  T  O  M  À  Q  U  E  T  S  A  R
A  Z  P  W  U  P  Z  R  L  P  J  X  H  G  W
R  F  Z  K  O  Z  Y  X  F  B  C  T  J  R  T
```

CALENT	JOCS
GANIVETS	VERDURES
DINAR	MÚSICA
SOPAR	CEBA
NENS	PEBRE
ESTIU	POLLASTRE
FAM	AMANIDES
FAMÍLIA	SALSA
FRUITA	SAL
GRAELLA	TOMÀQUETS

66 - Forêt Tropicale

```
E E J N A M F I B I S I P W O
S Ç S D A E V A L U Ó S C V C
P C Ó I B T I N D Í G E N A E
È O I V M C U I S B J M S M L
C M C E B E C R N E Q X Q I L
I U A R O P O N A S L O M L S
E N R S T S N Ú C L E R Z C X
Y I U I À E S V C B E C S G Q
S T A T N R E O T T F S T T N
J A T A I D R L J Y H K A E S
F T S T C W V S S U B I G E S
S R E F Í M A M Ç X N L C X N
K X R S E K C M W U R G C T G
X B K Y F Y I G U F E R L H Z
D D Z N S Y Ó V C X T K C A S
```

AMFIBIS	MOLSA
BOTÀNIC	NATURALESA
CLIMA	NÚVOLS
COMUNITAT	OCELLS
DIVERSITAT	VALUÓS
ESPÈCIE	CONSERVACIÓ
INDÍGENA	REFUGI
INSECTES	RESPECTE
JUNGLA	RESTAURACIÓ
MAMÍFERS	

67 - Ferme #1

```
T N K P A B E L L A G S J A P
A A W W U E L E T F L Z H G O
G J N Y G B G M R I E Ç N R L
T C K C I J O W A N D N I I L
E O X L A P G Z M R U C C C A
N R C A V A L L A Y C O Z U S
G B M S Ò R R A T W P Q X L T
C A M P X B V E D E L L G T R
M O W W K A D O B D I V W U E
V A C A G C U F B P E Z W R H
O P O K P O Ó A S U P G T A I
U U Y G W S S J R X O Ç V X G
M G I Ç K G I W R M S T E W O
O P U N C C B N W H V N K G D
I A D R P Y H T D D E F I G J
```

ABELLA
AGRICULTURA
RUC
BISÓ
CAMP
GAT
CAVALL
CABRA
GOS
TANCA

CORB
AIGUA
ADOB
FENC
MEL
POLLASTRE
ARRÒS
RAMAT
VACA
VEDELL

68 - Café

```
O F T Z T Y H J À N N H Q L U
R R F R S L R I C A D G Y F T
D O I N U J Í U I T W O D W Q
K B D G A A T Q D A M L Y C C
C A R W E C A A U O O M Z A E
P S O I R N M R T I E A A V N
H M S G T H G O P M D N L A K
B I T E L L E M R V Ç E U R P
H X I T I J U A I B E G Z I W
M C T R F Z X N D E E R D E A
F O R G O P F Ï Q G R E F T O
Ç P T P R E U E C U D C J A D
M A O R H L G F Y D L U U T I
A I G U A C W A W A O G C S H
A M A R G D P C H J M G Ç Q E
```

ÀCID	MATÍ
AMARG	MOLDRE
AROMA	NEGRE
BEGUDA	ORIGEN
CAFEÏNA	PREU
NATA	ROSTIT
AIGUA	SABOR
FILTRE	SUCRE
LLET	COPA
LÍQUID	VARIETAT

69 - Antarctique

```
A H H Q C D N Y T G G C B P T
A G F G I O Ç R W K E S A E E
D E A O F T N H G Z U L L N M
D C U A Í O B T C J W L E Í P
O T Ç I T N R I I L D E N N E
O L N A N K O L G N R C E S R
E G C E E X C L I A E O S U A
X G R Z I B Ó E F A B N F L T
P L O G C B S S C D C B T A U
E A I D A B M I G R A C I Ó R
D C Z U F X Q A E Q G H S A A
I E O R O D A G I T S E V N I
C R H A I G U A R D J E G A C
I E M I N E R A L S E Y J C M
Ó S G E O G R A F I A M T P O
```

BADIA
BALENES
INVESTIGADOR
CONTINENT
AIGUA
MEDI AMBIENT
EXPEDICIÓ
GEOGRAFIA
GEL

GLACERES
ILLES
MIGRACIÓ
MINERALS
OCELLS
PENÍNSULA
ROCÓS
CIENTÍFIC
TEMPERATURA

70 - Professions #2

```
Ç  K  F  I  O  P  I  N  Ç  B  P  Z  I  C  L
X  I  A  F  N  I  E  I  V  Ç  I  O  O  I  I
Z  R  R  C  E  V  R  R  R  D  L  Ò  X  R  N
F  A  G  E  G  R  E  D  I  E  O  L  F  U  G
P  C  Ò  R  R  O  N  S  A  O  T  E  D  R  Ü
D  E  T  E  C  T  I  U  T  U  D  G  P  G  I
F  T  O  Y  Y  N  D  C  U  I  Y  I  O  I  S
I  O  F  N  V  E  R  O  A  Q  G  H  S  À  T
L  I  I  I  X  V  A  B  N  A  E  A  F  T  A
Ò  L  M  G  U  N  J  A  O  A  L  Ç  D  R  A
S  B  N  N  T  I  J  U  R  H  Ò  Y  D  O  N
O  I  L  E  G  T  E  M  T  K  I  Z  P  T  R
F  B  U  T  A  Z  M  I  S  U  B  W  U  N  L
I  L  ·  L  U  S  T  R  A  D  O  R  J  I  O
D  E  N  T  I  S  T  A  B  A  G  G  J  P  S
```

ASTRONAUTA
BIBLIOTECARI
BIÒLEG
INVESTIGADOR
CIRURGIÀ
DENTISTA
DETECTIU
IL·LUSTRADOR
ENGINYER
INVENTOR

JARDINER
PERIODISTA
LINGÜISTA
METGE
PINTOR
FILÒSOF
FOTÒGRAF
PILOT
ZOÒLEG

71 - Les Abeilles

```
L  Z  F  Z  K  B  I  P  W  X  Ç  V  Y  J  H
W  Z  Ç  R  I  T  X  T  R  W  N  I  F  A  E
V  R  W  A  U  O  G  Q  U  B  T  M  K  R  P
N  E  D  J  D  I  Q  K  Q  P  C  F  Y  D  P
B  I  D  N  S  E  T  N  A  L  P  O  L  Í  G
E  N  T  E  H  L  S  A  R  E  C  T  L  O  D
N  A  U  M  D  I  V  E  R  S  I  T  A  T  R
E  M  T  S  O  L  K  T  P  E  S  R  Z  A  S
F  B  F  F  Y  R  Z  C  B  L  T  F  G  T  B
I  M  A  T  Z  T  J  E  S  A  P  U  P  I  K
C  A  M  E  T  S  I  S  O  C  E  M  F  B  M
I  A  A  E  A  U  E  N  L  S  C  J  L  À  Ç
Ó  J  X  L  L  S  R  I  D  U  B  L  O  H  H
S  Ç  I  Y  M  E  S  I  D  R  N  D  R  Ç  G
A  N  E  L  ·  L  O  P  R  Q  V  V  S  Y  M
```

ALES	HÀBITAT
BENEFICIÓS	INSECTE
CERA	JARDÍ
DIVERSITAT	MEL
EIXAM	MENJAR
ECOSISTEMA	PLANTES
FLOR	POL·LEN
FLORS	REINA
FRUITA	RUSC
FUM	SOL

72 - Santé et Bien Être #2

```
H  T  R  Ç  Z  T  U  J  P  Y  R  Z  Q  U  C
Z  Z  E  T  L  C  N  E  O  L  H  L  Z  W  A
Ó  I  C  I  R  T  U  N  G  A  Ç  M  Q  U  L
V  B  U  T  Ç  D  E  Z  A  T  X  K  F  O  O
I  N  P  E  E  N  E  R  G  I  A  O  T  R  R
T  V  E  P  N  Z  E  Ó  N  P  I  S  Ç  K  I
A  E  R  A  E  P  S  I  A  S  T  C  S  B  E
M  L  A  Y  I  E  W  C  S  O  L  V  O  A  S
I  B  C  G  G  S  P  C  Ç  H  A  K  K  S  M
N  A  I  T  I  W  X  E  N  W  L  T  O  N  A
A  D  Ó  W  H  F  A  F  Y  T  A  K  F  X  L
S  U  G  A  D  A  N  N  R  P  M  O  X  B  C
A  L  ·  L  È  R  G  I  A  E  S  T  R  E  S
Ç  A  R  F  W  Ç  O  G  E  N  È  T  I  C  A
D  S  G  T  G  A  N  A  T  O  M  I  A  O  O
```

AL·LÈRGIA
ANATOMIA
APETIT
CALORIES
COS
ENERGIA
GENÈTICA
HOSPITAL
HIGIENE
INFECCIÓ

MALALTIA
MASSATGE
NUTRICIÓ
PES
RECUPERACIÓ
SALUDABLE
SANG
ESTRES
VITAMINA

73 - Conduite

```
C T N G M A Q T G N B F F M S
G D J A S I P G R J N V R O E
K Ç V S Z C M A H À C Ç E T G
V I A N A N T R C T N L N O U
U D U G T È T A O A H S S R R
L K L O N C Ú T T T T I Y E
M Ç E Ç E I N G X I A U J T T
X A F E D L E E E C C F D M A
F I P P I L L T T O H N P O T
N C O A C P E R I L L M O T O
Ó I M A C C A R R E T E R A X
U L B L A I O Y X V S V N G N
L O C O M B U S T I B L E Z B
N P R Y T R A N S P O R T V X
Z I T C P H S U H Z G E F W N
```

ACCIDENT	MOTO
CAMIÓ	VIANANT
COMBUSTIBLE	POLICIA
MAPA	CARRETERA
PERILL	SEGURETAT
FRENS	TRÀNSIT
GARATGE	TRANSPORT
GAS	TÚNEL
LLICÈNCIA	VELOCITAT
MOTOR	COTXE

74 - Plantes

```
A  R  O  L  F  J  Ç  I  B  L  X  M  B  R  Y
D  H  B  R  V  A  F  G  Y  V  L  O  O  T  O
O  I  E  N  A  R  H  E  U  R  A  N  S  A  S
B  H  Ç  R  I  D  C  N  N  H  U  G  C  C  Ó
S  H  A  E  B  Í  M  O  L  S  A  E  H  R  I
G  X  X  F  S  A  T  L  J  S  U  T  C  A  C
J  O  M  H  Y  Q  J  E  R  B  R  A  J  C  A
H  J  E  P  N  H  R  R  D  I  Ç  Ç  Ç  T  T
Ú  E  G  B  Z  H  C  R  É  I  X  E  R  X  E
B  O  T  À  N  I  C  A  B  X  P  S  O  P  G
M  D  A  E  G  I  J  Z  S  A  R  A  M  J  E
A  E  L  A  T  È  P  F  W  L  I  T  J  O  V
B  K  L  T  O  I  Q  S  L  S  V  A  T  G  A
T  S  U  B  R  A  M  I  G  O  T  L  D  Y  Y
W  U  F  H  F  X  N  Ç  B  O  R  W  B  R  U
```

ARBRE	BOSC
BAIA	CRÉIXER
BAMBÚ	MONGETA
BOTÀNICA	HERBA
ARBUST	JARDÍ
CACTUS	HEURA
ADOB	MOLSA
FULLATGE	PÈTAL
FLOR	ARREL
FLORA	VEGETACIÓ

75 - Ferme #2

```
H D U R J V T M V Q P Y I N O
I Y P U D M E L L E T R O H O
R W K N Q J R R O T C A R T X
O V E L L A E I D H S È G A P
X W P I K K G F O U U I C R B
Z S Ç E M X I Ç R U R C M P L
T B D E F I B A O Ç E A E Q A
I F O L C K J N M Y N Y N V T
D M V T X F F I E Y A P J A F
À P V V H Ç A M D E R A A T Ç
B N W L G W A A T R G S R N N
Y D E R X A I L A X O T Q M B
T Z K C R Y O S L A M O S Z J
F R U I T A K D B U Z R A D S
P S V I Z M C S F L A M A B Z
```

XAI
PAGÈS
ANIMALS
PASTOR
BLAT
ÀNEC
FRUITA
GRANER
REG
LLET

FLAMA
VERDURA
BLAT DE MORO
OVELLA
MENJAR
ORDI
PRAT
RUSC
TRACTOR
HORT

76 - Vacances #2

```
T R O P O R E A Q X R Y D C P
T P L E L H H U C R E Z E U M
Y R E G N A R T S E S R S E O
C L G U N J T K G N T N T V F
E U I P E O F J V W A R I I B
R E S E R V E S A C U O N A R
V T H O T E L O L P R C A T K
A R E G R S P Y L F A I C G P
C O E N L Z N U I M N M I E D
A P G I D X V M Y P T C Ó T B
N A W P Y A I A G W A A Y W Y
C S L M X Y T R O P S N A R T
E S E À E I A X S L I C R H Z
S A Z C L E X I Z N V P J H G
L P B R L T I O Q M S J K F C
```

AEROPORT	PLATJA
CÀMPING	RESTAURANT
MAPA	RESERVES
DESTINACIÓ	TAXI
ESTRANGER	TENDA
HOTEL	TREN
ILLA	TRANSPORT
OCI	VACANCES
MAR	VISAT
PASSAPORT	VIATGE

77 - Éthique

```
R  E  E  Z  V  J  G  Z  O  B  S  X  R  N  D
P  E  Ó  I  C  A  R  E  P  O  O  C  E  Ç  I
A  L  A  V  I  F  O  S  T  N  R  S  S  B  P
C  B  S  L  K  R  F  O  I  D  S  D  P  Z  L
I  A  E  O  I  M  Q  S  M  A  A  I  E  T  O
È  N  D  V  H  S  S  S  I  T  V  G  C  O  M
N  O  A  È  F  U  M  U  S  E  I  N  T  L  À
C  A  R  N  R  I  M  E  M  O  E  I  U  E  T
I  R  N  E  O  Q  L  A  E  W  S  T  Ó  R  I
A  I  O  B  O  Ç  Z  O  N  D  A  A  S  À  C
I  Ç  H  U  H  E  Ç  D  S  I  Q  T  G  N  I
V  A  L  O  R  S  B  N  D  O  T  X  O  C  Q
C  O  M  P  A  S  S  I  Ó  A  F  A  K  I  F
A  L  T  R  U  I  S  M  E  Y  S  I  T  A  W
I  N  T  E  G  R  I  T  A  T  W  Y  A  N  O
```

ALTRUISME	OPTIMISME
BENÈVOL	PACIÈNCIA
COMPASSIÓ	FILOSOFIA
COOPERACIÓ	RAONABLE
DIGNITAT	RESPECTUÓS
DIPLOMÀTIC	REALISME
BONDAT	SAVIESA
HONRADESA	TOLERÀNCIA
HUMANITAT	VALORS
INTEGRITAT	

78 - Temps

```
H J W E X N X G F W H R Ç I O
G D W Z Z X L Y T J Q M I Ç U
D B N Z A E X D X H C V T N C
C I H L X L S X T Z L R Z E A
Ç Y A R O H Q Z C J X A L O L
L D N Q Y X Y E Í T A M M I E
H T A I V A U L D M B H E P N
A I M U A I D G I M A X S R D
K Ç T D H F L E V Y N A É E A
A A E U I Y W S L W S D R L R
R P S O R D È C A D A A P L I
N W T X J U A V U F Ç R S O Ç
P I Q Ç F F T U N I M A E T E
H F R Z Q A I U A S Q Z D G W
A V H I M K N N F K C A A E V
```

ANY
ANUAL
DESPRÉS
ABANS
AVIAT
CALENDARI
DÈCADA
FUTUR
HORA
AHIR

RELLOTGE
DIA
ARA
MATÍ
MIGDIA
MINUT
MES
NIT
SETMANA
SEGLE

79 - Maison

```
P  W  Z  J  A  R  D  Í  N  V  R  A  P  E  Y
F  I  N  E  S  T  R  A  F  I  T  A  C  P  C
H  A  B  I  T  A  C  I  Ó  N  I  J  Q  Ç  S
S  O  T  E  R  R  A  N  I  E  Q  J  Y  R  D
R  P  A  I  G  L  R  R  H  O  O  S  E  U  U
D  I  A  N  I  U  C  W  A  T  Ç  Y  G  P  T
À  T  I  C  O  F  E  D  R  A  L  L  T  A  X
O  L  R  U  E  E  S  C  O  M  B  R  A  R  A
P  T  H  W  I  T  A  U  W  U  E  O  R  E  T
S  E  N  I  T  R  O  C  L  L  C  I  A  T  A
P  O  N  U  U  W  L  I  R  L  L  U  G  X  N
Q  O  S  M  J  B  E  X  L  L  A  R  I  M  C
Z  W  R  T  C  L  A  U  S  B  H  Y  H  N  A
Y  M  X  T  R  R  N  Q  H  O  I  T  V  I  C
H  F  R  Y  A  E  Y  C  T  Y  A  B  J  G  Ç
```

ESCOMBRA	ÀTIC
BIBLIOTECA	JARDÍ
HABITACIÓ	LLUM
LLAR DE FOC	MIRALL
CLAUS	PARET
TANCA	SOSTRE
CUINA	PORTA
DUTXA	CORTINES
FINESTRA	SOTERRANI
GARATGE	CATIFA

80 - Légumes

```
G Y Z S E V A R T B P M V S F
Ç E U H S P C O G O M B R E I
M Y P T C P T W C A R X O F A
I U Y E A P C E T Ç G S M J L
E A V I L O T E U Q À M O T R
G I S C U P H M B H Y C V S T
I N E A N A D I N A M A R M R
N Í A T Y S A S C A N I P S E
G G O P A T B C Q S L Z B G V
E R E J Z A O K H S O L R G I
B E T E Y N L L N A S F Ò Q L
R B Q L V A E P C B È N Q T U
E L A P I G T T O R P L U A J
P A W Y O A N H V A U D I C C
Z M Y E L H U P Y C C P L D R
```

ALL	ESPINACS
CARXOFA	GINGEBRE
ALBERGÍNIA	NAP
BRÒQUIL	CEBA
PASTANAGA	OLIVA
API	JULIVERT
BOLET	PÈSOL
CARBASSA	RAVE
COGOMBRE	AMANIDA
ESCALUNYA	TOMÀQUET

81 - Famille

```
A  C  O  S  Í  S  X  T  N  E  B  O  D  A  G
I  V  J  O  N  C  L  E  E  P  U  I  Ç  S  E
V  A  A  S  Z  Y  R  J  N  Z  W  H  Ç  E  R
À  D  B  N  Z  K  D  B  J  Z  P  H  H  T  M
R  U  H  O  T  Ç  S  O  Q  R  K  W  R  N  A
Z  Y  X  N  I  P  U  J  N  P  K  N  Z  A  N
À  S  L  T  V  L  A  N  B  A  M  O  Ç  F  A
M  A  A  Y  N  P  M  S  N  E  N  N  N  N  P
R  A  N  R  E  T  A  P  S  D  G  E  P  I  A
E  L  R  K  U  B  R  A  H  A  N  B  F  O  R
G  L  E  E  V  X  I  V  A  I  T  O  E  Q  E
G  I  T  W  Y  O  T  J  N  U  R  T  V  V  E
V  F  A  E  E  E  K  D  B  W  J  S  N  N  P
Q  H  M  O  H  S  K  T  Q  Z  Q  E  A  W  U
X  A  Z  Y  T  Q  R  G  X  L  Y  Q  K  X  X
```

AVANTPASSAT	MARIT
COSÍ	MATERNAL
INFANTESA	MARE
NEN	NEBOT
NENS	NEBODA
DONA	ONCLE
FILLA	PATERNA
GERMÀ	PARE
ÀVIA	GERMANA
AVI	TIA

82 - Oiseaux

```
P  C  O  L  O  M  L  J  P  S  V  A  W  W  G
N  E  E  R  E  P  U  L  A  L  I  U  G  À  A
A  D  L  N  C  S  T  D  Ó  J  J  L  J  C  V
W  A  M  I  À  R  Z  Q  R  Ç  H  T  R  U  I
P  E  N  O  C  M  Q  U  G  A  J  Z  Y  T  N
I  F  U  G  I  À  P  L  A  U  W  Q  Q  R  A
N  C  N  E  M  A  L  F  C  I  G  O  N  Y  A
G  T  A  R  S  W  B  I  O  H  O  I  L  U  C
Ü  J  V  T  E  T  V  U  C  Z  D  E  O  W  I
Í  Ç  O  S  Q  P  R  U  C  V  E  C  X  A  G
G  A  P  A  N  O  U  U  P  A  R  D  A  L  N
Ç  Z  B  L  L  O  R  O  Ç  C  U  C  U  T  E
R  R  M  L  C  O  R  B  M  O  K  W  L  S  Z
R  S  P  O  R  S  B  V  M  S  Q  R  F  B  C
L  H  G  P  Y  B  B  I  K  B  T  O  N  E  D
```

ÀGUILA	PARDAL
ESTRUÇ	GAVINA
ÀNEC	OU
CIGONYA	OCA
CORB	PAÓ
CUCUT	LLORO
CIGNE	PELICÀ
FLAMENC	COLOM
AGRÓ	POLLASTRE
PINGÜÍ	TUCÀ

83 - Disciplines Scientifiques

```
Q U R P M I N E R A L O G I A
L I N G Ü Í S T I C A B Q J I
M T E R M O D I N À M I C A M
S E M E T E O R O L O G I A O
O A C I M Í U Q O I B M M L T
C S J À I M M U N O L O G I A
I T Q Y N B O T À N I C A P N
O R O U A I G O L O R U E N A
L O H I Í S C J R M G J C Z I
O N Z F D M S A I G O L O E G
G O C S D L I E E Q Y F G W O
I M T Ç O V N C L Q D L L W L
A I G O L O C E A M T R H S O
P A I G O L O I S I F X L R I
U P S I C O L O G I A M T I B
```

ANATOMIA

ASTRONOMIA

BIOQUÍMICA

BIOLOGIA

BOTÀNICA

QUÍMICA

ECOLOGIA

GEOLOGIA

IMMUNOLOGIA

LINGÜÍSTICA

MECÀNICA

METEOROLOGIA

MINERALOGIA

NEUROLOGIA

FISIOLOGIA

PSICOLOGIA

SOCIOLOGIA

TERMODINÀMICA

84 - Maladie

```
C O N T A G I Ó S O C R E Z C
X Z N E U R O P A T I A S H R
I N F L A M A C I Ó D Ç V V Ò
R A B M U L A N I M O D B A N
S E I G R È L · L A P Ç Ç U I
H H S I M M U N I T A T Y W C
X E B P S Í N D R O M E H A A
B T R M I P U L M O N A R H I
S L A E F R D È B I L Q U U P
J Z T C D S A C I T È N E G À
S O S S O I X T Y K C Z I F R
A K E W J R T O O M J X L R E
A Z N W E Y F A B R S A L U T
C A E E Z H S B R U I F P A K
W Y B Q E C A L T I X N M W T
```

ABDOMINAL	IMMUNITAT
AL·LÈRGIES	INFLAMACIÓ
BENESTAR	LUMBAR
CRÒNICA	NEUROPATIA
CONTAGIÓS	OSSOS
COS	PULMONAR
COR	RESPIRATORI
DÈBIL	SALUT
GENÈTICA	SÍNDROME
HEREDITARI	TERÀPIA

85 - Univers

```
S A S T R O N O M I A L S Q P
R O D A U Q E L G R G C O R U
V J L O B C Ç L S E H A L D G
H B K A W E C U I F F R S K N
O D Ç H R L J N H S L H T K F
R U U I O W V A I I S Ç I T U
I T G T V Z I D X M E M C Z A
T I A Z I F N J N E B Ç I L K
Z G L O S T O E F H F Z Ç U T
Ó N À D I Ò A S A M B I E N T
D O X Í B R X L C I M S Ò C Ç
X L I A L B E D I O R E T S A
S Ç A C E I V G L E R K S Z P
E O N D Ç T T E L E S C O P I
Q P G X G A A S T R Ò N O M L
```

ASTEROIDE
ASTRÒNOM
ASTRONOMIA
AMBIENT
CEL
CÒSMIC
EQUADOR
GALÀXIA
HEMISFERI
HORITZÓ

LATITUD
LONGITUD
LLUNA
FOSCOR
ÒRBITA
SOLAR
SOLSTICI
TELESCOPI
VISIBLE
ZODÍAC

86 - Géographie

```
B D F V P S X K M I G J S N V
I U S L V T G K Q C Ç S X C Z
S À I D I R E M B V T I Ç W Y
U E R R C X O U G S Q I S M X
L C O O U M P I L L A R Í U A
Y O T N A B A V X W I E A O D
A A I Z G X H P R G V F P L U
I A R E G I Ó Q A O E S T U T
B T R A L J D M Ó N D I L E I
P L E B M U V T G Ç S M A J T
I E T M U N T A N Y A E T D L
K S K A Q V C T X X R H I Ç A
O R Z J A O S U G B L K T J T
R I U C O N T I N E N T U D Y
T N H O X P N C P U M J D I A
```

ALTITUD	MÓN
ATLES	MUNTANYA
MAPA	NORD
CONTINENT	OCEÀ
RIU	OEST
HEMISFERI	PAÍS
ILLA	REGIÓ
LATITUD	SUD
MAR	TERRITORI
MERIDIÀ	CIUTAT

87 - Danse

```
C O R E O G R A F I A M E Z V
Y A Y Y M D O I P L S Ú M B G
A Ç D H Y T S C L M P S O W N
Y R Z W T T I À I P B I C O S
I C U I S S E R P X E C I S Ç
A Z G J O Z T G I F Y A Ó D A
M O V I M E N T L H S R C P Ç
C G D V A R U T L U C U D O I
J C D B V S R V W M K T R A S
A L E G R E S M K H A S S Y K
C L À S S I C A G V Z O A J W
C U L T U R A L F H B P L N Ç
T R A D I C I O N A L Z T O S
A C A D È M I A H B P C A Z E
L V I S U A L K S Y F O R K S
```

ACADÈMIA	ALEGRE
ART	MOVIMENT
COREOGRAFIA	MÚSICA
CLÀSSIC	SOCI
COS	POSTURA
CULTURA	ASSAIG
CULTURAL	RITME
EXPRESSIU	SALTAR
EMOCIÓ	TRADICIONAL
GRÀCIA	VISUAL

88 - Bâtiments

```
V Y B Q T N E M A T R A P A G
Q E L L E T S A C F V M K U A
T Ç H L A T I P S O H E O I R
T E A Ç T G R Q H Ç V N P U A
A L N W R N O L R P V I D N T
C M F D E Y T V D V W C A I G
R F B F A R A G R A N E R V E
E À J A F D R C A B I N A E R
M B K R I T O Q O C B T M R K
R R K P D X B Y R A L O C S E
E I L J A N A W J A E G K I R
P C F Ç T K L D W C T D J T R
U A R G S Y J Z A O O O V A O
S U Q V E M U S E U H U J T T
O B S E R V A T O R I O W M E
```

AMBAIXADA	LABORATORI
APARTAMENT	MUSEU
CABINA	OBSERVATORI
CASTELL	ESTADI
CINEMA	SUPERMERCAT
ESCOLA	TENDA
GARATGE	TEATRE
GRANER	TORRE
HOSPITAL	UNIVERSITAT
HOTEL	FÀBRICA

89 - Activités et Loisirs

```
B  C  N  W  M  Ç  S  W  Z  F  V  J  R  M  T
À  À  P  A  P  X  Ç  X  F  L  O  G  E  R  E
S  M  I  B  T  R  A  Z  B  J  L  P  L  F  N
Q  P  Q  R  E  A  N  X  X  Y  E  I  A  U  N
U  I  S  N  O  I  C  I  F  A  I  N  X  T  I
E  N  U  S  U  B  S  I  H  S  B  T  A  B  S
T  G  P  G  A  M  H  B  Ó  R  O  U  N  O  A
B  U  S  S  E  I  G  S  O  J  L  R  T  L  M
F  X  Z  F  D  F  T  O  Y  L  J  A  N  U  C
S  E  N  D  E  R  I  S  M  E  U  V  P  X  U
J  W  J  P  B  U  A  C  R  G  Q  A  B  E  R
D  L  O  F  Z  S  A  A  O  T  Ç  D  O  H  S
J  A  R  D  I  N  E  R  I  A  Y  G  X  Ç  E
P  E  S  C  A  R  Z  Q  K  I  J  U  A  L  S
V  Q  L  G  S  B  M  T  M  V  U  N  C  F  P
```

ART	AFICIONS
BEISBOL	PINTURA
BÀSQUET	PESCAR
BOXA	BUSSEIG
CÀMPING	SENDERISME
CURSES	RELAXANT
FUTBOL	SURF
GOLF	TENNIS
JARDINERIA	VOLEIBOL
NATACIÓ	VIATGE

90 - Livres

```
H  U  M  O  R  Í  S  T  I  C  I  B  K  E  S
H  N  G  Ç  G  J  L  A  N  M  R  X  L  M  B
I  A  M  E  O  P  O  V  W  X  C  O  I  S  G
S  R  C  A  L  ·  L  E  V  O  N  I  T  W  T
T  R  A  I  W  I  K  N  C  I  Q  N  E  U  N
Ò  A  J  S  P  X  Z  T  O  L  G  V  R  Y  A
R  D  T  E  X  È  F  U  N  C  R  E  A  W  V
I  O  T  O  X  O  O  R  T  M  O  N  R  Y  E
C  R  Y  P  Y  S  R  A  E  P  Q  T  I  T  L
T  O  P  À  G  I  N  A  X  I  B  I  S  W  L
M  T  T  R  À  G  I  C  T  L  M  V  È  Z  E
F  C  H  Ç  Q  Y  F  I  Q  H  K  A  R  N  R
T  E  E  D  S  S  A  I  R  Ò  T  S  I  H  F
O  L  C  P  D  U  A  L  I  T  A  T  E  Y  I
N  Ç  X  P  H  C  O  L  ·  L  E  C  C  I  Ó
```

AUTOR	LECTOR
AVENTURA	LITERARI
COL·LECCIÓ	NARRADOR
CONTEXT	PÀGINA
DUALITAT	RELLEVANT
ÈPICA	POEMA
HISTÒRIA	POESIA
HISTÒRIC	NOVEL·LA
HUMORÍSTIC	SÈRIE
INVENTIVA	TRÀGIC

91 - Pays #2

```
L  I  P  N  L  J  A  M  A  I  C  A  F  E  S
J  A  I  L  À  M  O  S  I  T  F  X  R  H  Í
A  I  O  F  O  J  Q  Q  S  Í  T  I  A  H  R
P  S  F  S  U  N  E  L  S  I  Ç  D  N  M  I
Ó  È  U  O  J  D  E  B  Ú  R  B  X  Ç  V  A
C  N  T  J  I  I  Y  T  R  L  S  Q  A  O  N
N  O  A  L  B  À  N  I  A  A  L  V  M  L  Ï
I  D  S  U  D  A  N  L  E  N  V  Y  Y  N  A
B  N  J  K  J  A  X  K  F  D  F  N  P  V  R
C  I  X  È  M  D  D  J  S  A  N  X  D  H  C
P  A  K  I  S  T  A  N  M  K  X  C  G  U  U
D  I  N  A  M  A  R  C  A  Y  N  E  K  J  R
C  L  H  I  L  Í  B  A  N  G  I  N  F  N  F
Ç  W  M  D  X  M  I  Ç  C  G  U  C  G  O  Ç
C  Z  H  U  E  X  K  O  R  M  M  W  G  Y  N
```

ALBÀNIA
XINA
DINAMARCA
FRANÇA
HAITÍ
INDONÈSIA
IRLANDA
JAMAICA
JAPÓ
KENYA

LAOS
LÍBAN
MÈXIC
UGANDA
PAKISTAN
RÚSSIA
SOMÀLIA
SUDAN
SÍRIA
UCRAÏNA

92 - Jazz

```
M C R O T I S O P M O C E K Y
Ú C R R G T G T Ç R H F T C I
S S O Q Q R T È A T Y J A D K
I Z U U O N T È N M F H H M F
C L L E V S Q L C E B B C G I
A E G S F A M Ó S N R O F S Ó
J L D T R E C N O C I E R U I
D Q Ç R O Q L F L E E C K S C
M Ç T A P À G Q J D A X A N I
C D A T K L L F A V O R I T S
A L L S P B F O E F O C S P O
N W E I B U K S M M N R P Ç P
Ç N N T I M I O T T T B T W M
Ó W T R Y Y L L I T S E Y B O
Ó I C A S I V O R P M I A H C
```

ÀLBUM	MÚSICA
ARTISTA	NOU
FAMÓS	ORQUESTRA
CANÇÓ	RITME
COMPOSITOR	SOLO
COMPOSICIÓ	ESTIL
CONCERT	TALENT
FAVORITS	TAMBORS
GÈNERE	TÈCNICA
IMPROVISACIÓ	VELL

93 - Paysages

```
T R E S E D I Z K E À T N A P
Q H S C Y T L S D T B G U G V
V A T I K L L V A V O C V R W
O Z U O E L A T R O I P G E Ó
L H A C S A K W D R I U U B T
C Y R P H C K X N D A A È E Ç
À W I Y V Ç S G U A D M I C Q
G L A C E R A Ç T B M C S I H
N O L H P V A L L J W W E B V
C A S C A D A D W O C G R C S
P L A T J A E I J W W R X X Q
M P N Q B Q A C W N B Z E L X
M U N T A N Y A W S A A S F W
G U M I C J H G V H I S G F U
P E N Í N S U L A X U H W L C
```

CASCADA
TURÓ
DESERT
ESTUARI
RIU
GUÈISER
GLACERA
COVA
ICEBERG
ILLA

LLAC
PANTÀ
MAR
MUNTANYA
OASI
PENÍNSULA
PLATJA
TUNDRA
VALL
VOLCÀ

94 - Pays #1

```
C E N Q F X S M J X J X Y G C
N A Q V V Í N D I A I B Í L G
P I N U T Z V V M Y R R H M X
A I C A A K A I D N À L N I F
N S N A D D J J I A A I G B W
A R A I R À O I S P Y S V B I
M A T N L A J R Z S J A N M H
À E S Ò U F G A G E U R O N F
X L I L Z Q Y U Q Y R B K L U
P W N O M A L I A M A R R O C
V S A P A L E M A N Y A Ç O Z
A R G E N T I N A I N A M O R
C A F F I L I P I N E S F S Y
S A A L E U Ç E N E V Ç Ç L Z
O W Z M Q Q S I J J M P A K X
```

AFGANISTAN
ALEMANYA
ARGENTINA
BRASIL
CANADÀ
ESPANYA
EQUADOR
FINLÀNDIA
ÍNDIA
ISRAEL

LÍBIA
MALI
MARROC
NICARAGUA
NORUEGA
PANAMÀ
FILIPINES
POLÒNIA
ROMANIA
VENEÇUELA

95 - Nombres

```
J E E C Q Z N P C U O S Q W S
D O T Z E J N Z A P Z L U E D
N O N I V C O Z T E S S I D Z
C R I X U U U C O T B J N P L
S U V E K V I Z R R A T Z L Ç
J D N L R B I T Z Ç O R E Z C
K Q Y A V T H D E D Ç E L G I
X T S I S Q M F R E M S G Y N
J X O E Z T E R T C V Y E B C
L Q D Y T L N O A I O W P S V
X D M G G Z Z U U M B O U Y X
B D I N O U E S Q A Q R K O H
F B A S S J R E V L G E Y U X
Z R C T D T D T M Q B B F F D
T B U Z Ç A V L K I P V X K V
```

CINC	CATORZE
DOS	QUATRE
DECIMAL	QUINZE
DEU	SETZE
DIVUIT	SET
DINOU	SIS
DISSET	TRETZE
DOTZE	TRES
VUIT	VINT
NOU	ZERO

96 - Psychologie

```
M G K C I N Í L C E H Z C H G
T A T I L A E R S G X Y C Z F
Ó O Z T A I O S N O I C O M E
I V T A T I L A N O S R E P C
C D O C M O Ó I C A S N E S O
A S E I C N È I R E P X E O N
U M B E M U R J C E H M X M F
L N S W S A A H S P G C O N L
A C O M P O R T A M E N T I I
V P R O B L E M A O U C P S C
A I N F A N T E S A N Q R L T
S U B C O N S C I E N T K E E
O G Q H I S T N E M A S N E P
I N C O N S C I E N T I R D S
T E R À P I A Z T Y Z E C Z V
```

CLÍNIC
COMPORTAMENT
CONFLICTE
EGO
INFANTESA
EXPERIÈNCIES
EMOCIONS
AVALUACIÓ
IDEES
INCONSCIENT

PENSAMENTS
PERCEPCIÓ
PERSONALITAT
PROBLEMA
CITA
REALITAT
SOMNIS
SENSACIÓ
SUBCONSCIENT
TERÀPIA

97 - Nature

```
L X E G T A L L U F Q À A E G
W W B I C N A A Ç J K R B O L
S B A T I I C T B L H T E Q A
B A S P F M I I D O Z I L C C
T A L Q Í A P V R B S C L B E
P W V V C L O W X Ó I C E M R
U Q I S A S R B O I R A S O A
I M H H P T T Z G S A S D Q P
R E F U G I G L I O U E I T F
D E S E R T Z E S R T L N N P
Y Y Q F N K M T X E N L À Ú V
N K S L E Y S X X R A E M V Y
P R Q A U N Q E N P S B I O R
U R O Y T Q R C R Z B E C L T
V Ç O E R F V P R È C L L S A
```

ABELLES	RIU
REFUGI	BOSC
ANIMALS	GLACERA
ÀRTIC	NÚVOLS
BELLESA	PACÍFIC
BOIRA	SANTUARI
DESERT	SALVATGE
DINÀMIC	SERÈ
EROSIÓ	TROPICAL
FULLATGE	VITAL

98 - Chimie

```
R O L A C F E Q R L K R I R H
F S X S K I B R O Í W E Q Ó I
S A L I X P L U D Q K Ç O R D
L G Ç O G A L R A U C A E T R
L E L S S E P T Z I I L K C O
A O C R W U N Z T D Ç Q Y E G
T C A R B O N I I I F X Z L E
E V A E M R A E L C U N Z E N
M J F M I O U M A À K Z W U S
O F W W Z L L Y T M G F X S E
W Y X A N C Q È A A L C A L Í
T U U V E Z E A C A T Ò M I C
Ç Z G K Q U Ç M R U P G G Z Q
K Z B O R E K L J H L L X S H
T E M P E R A T U R A A I P J
```

ÀCID	HIDROGEN
ALCALÍ	IÓ
ATÒMIC	LÍQUID
CARBONI	METALLS
CATALITZADOR	MOLÈCULA
CALOR	NUCLEAR
CLOR	OXIGEN
ENZIM	PES
ELECTRÓ	SAL
GAS	TEMPERATURA

99 - Bateaux

```
G  B  Ç  M  S  C  E  O  F  L  Q  S  P  F  D
O  N  E  S  B  A  S  S  A  B  L  L  A  E  Q
J  Q  R  Z  X  N  M  G  C  W  G  A  L  R  O
Y  W  E  Q  K  O  O  S  B  U  I  R  C  R  P
Y  T  X  T  X  A  K  J  A  D  R  O  C  I  P
Y  P  V  J  U  G  W  E  E  C  E  C  C  I  D
M  K  N  L  G  Ç  J  R  R  M  N  N  W  Z  Z
M  O  W  P  Z  B  I  G  A  M  I  À  F  X  C
V  U  T  V  A  M  Ç  R  M  S  R  E  L  E  V
Z  L  N  O  H  N  Ç  C  A  I  A  C  D  E  S
I  J  M  E  R  N  C  R  W  O  M  O  B  S  L
P  F  A  Z  E  K  Y  I  F  B  I  D  E  U  Q
J  W  R  N  À  U  T  I  C  E  O  Y  I  K  I
P  Z  F  Z  Ó  I  C  A  L  U  P  I  R  T  O
C  M  E  Q  T  E  M  B  U  P  Z  M  A  T  T
```

ÀNCORA	MARINER
BOIA	PAL
CANOA	MAR
CORDA	MOTOR
TRIPULACIÓ	NÀUTIC
FERRI	OCEÀ
RIU	BASSA
CAIAC	ONES
LLAC	VELER
MAREA	IOT

100 - Mesures

```
B Q Q V L M D T Ç V C A T Y T
Y U Z V I E P O J T O I Y H L
T I O W T T R N R I G L Z T V
E L A B R R O A W N R F U B E
T O B I E E F V D I A M L M Ç
U G Q T R F U Q L A M I C E D
H R P O T U N I M H G G Ç M M
Q A O Z E Q D K T B D R O A Q
P M I D M L I T C K W A A F Ç
O A Y P Í D T C P E S U T L G
L A R U T L A S S A M E Q Y L
Z V Ç J N N T A M P L A D A O
A L D E E U N Ç A M C U Z T U
D W K I C Q U I L Ò M E T R E
A N F V D Z Z O M Z G N F H F
```

CENTÍMETRE   MASSA
GRAU   METRE
DECIMAL   MINUT
GRAM   BYTE
ALTURA   UNÇA
QUILOGRAM   PES
QUILÒMETRE   POLZADA
AMPLADA   PROFUNDITAT
LITRE   TONA
LLARGADA   VOLUM

1 - Adjectifs #2

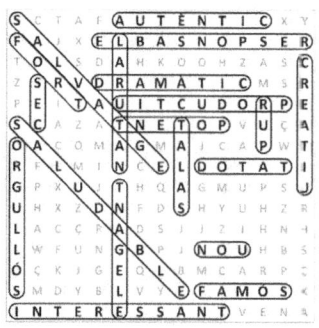

2 - Formes

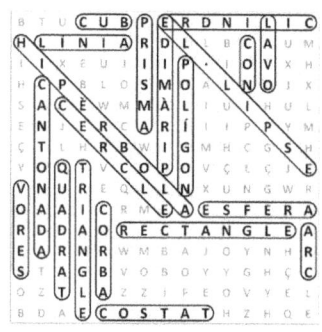

3 - Force et Gravité

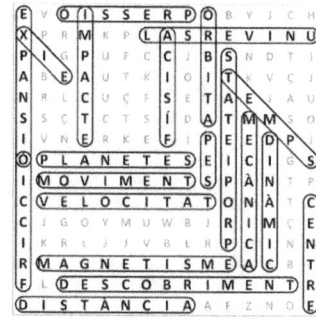

4 - Adjectifs #1

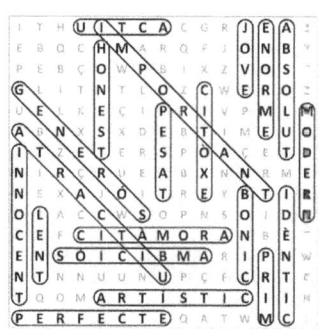

5 - Instruments de Musique

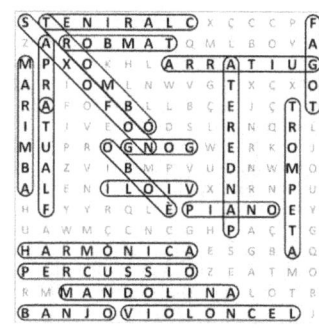

6 - Herboristerie

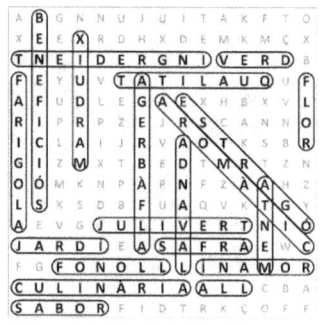

7 - Véhicules

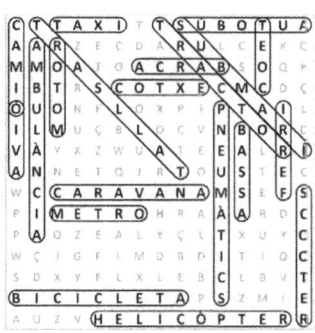

8 - Camping

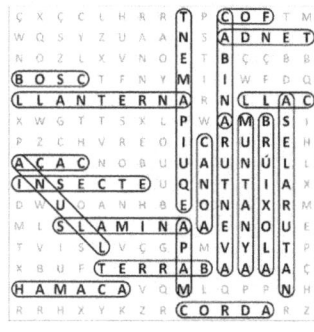

9 - Écologie

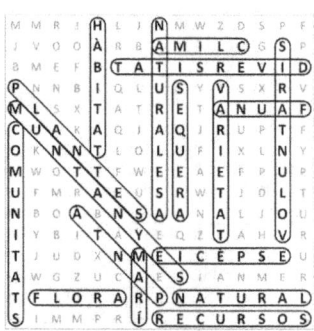

10 - Géométrie

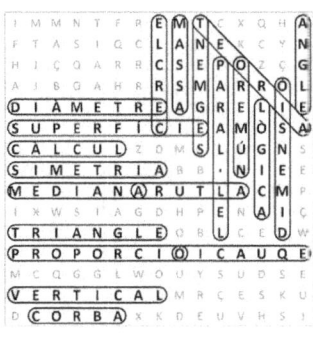

11 - Les Médias

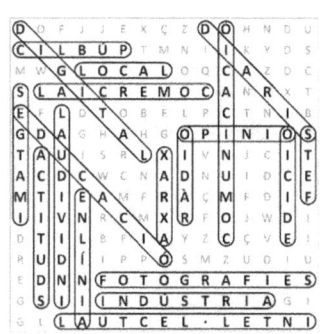

12 - Philanthropie

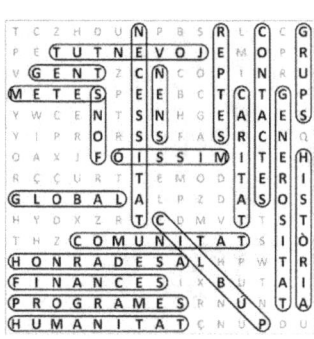

13 - Diplomatie

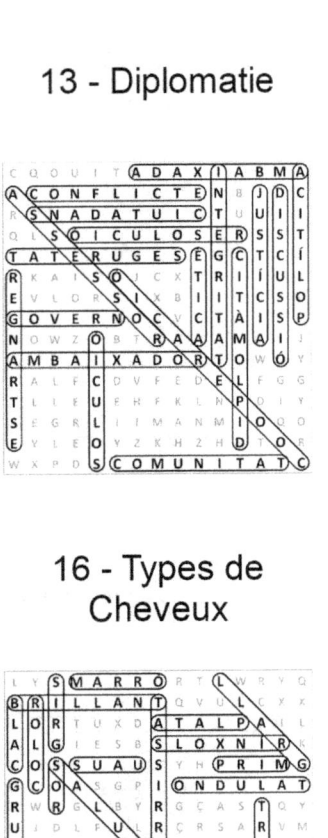

14 - Astronomie

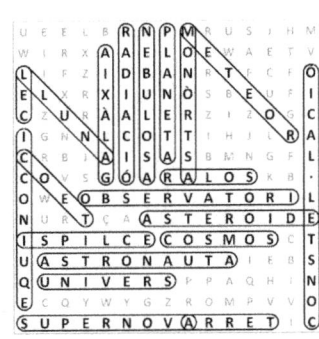

15 - Physique

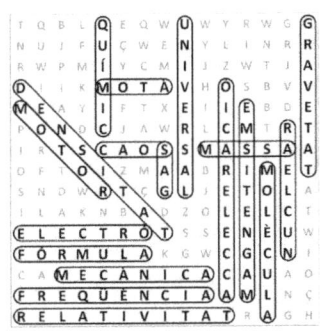

16 - Types de Cheveux

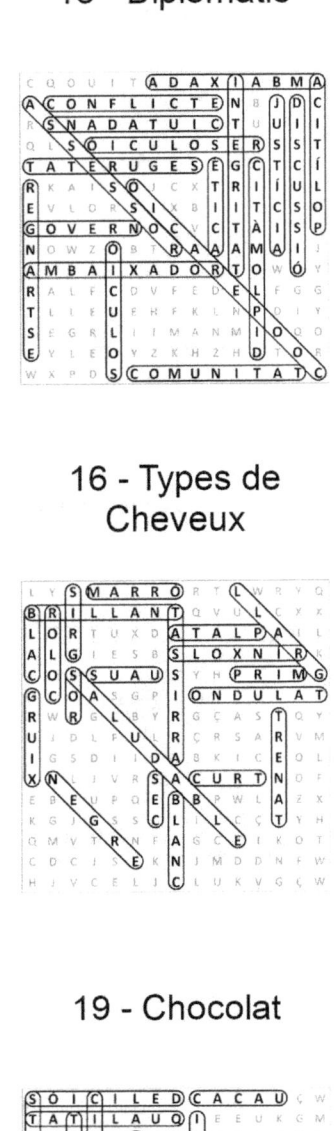

17 - Archéologie

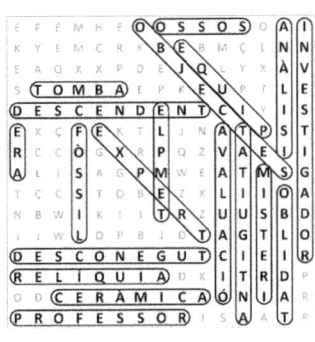

18 - Mammifères

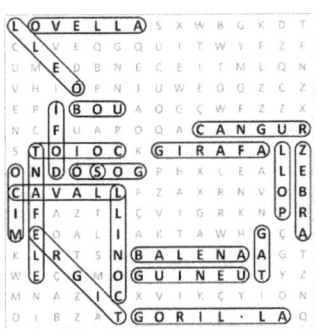

19 - Chocolat

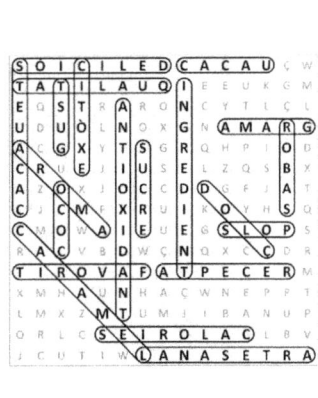

20 - Mathématiques

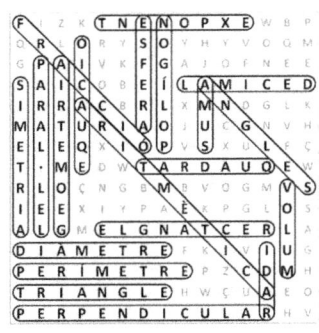

21 - Sport

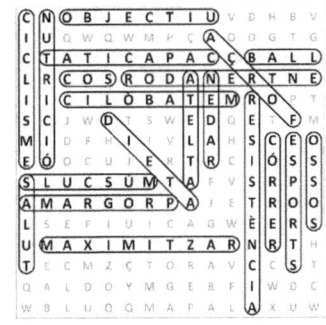

22 - Mythologie

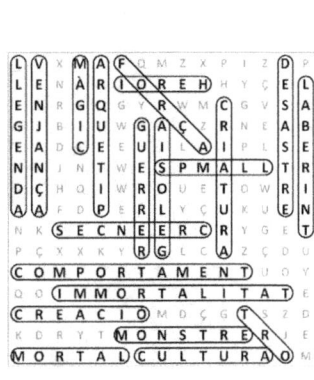

23 - Restaurant #2

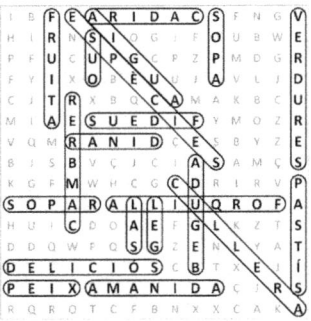

24 - Beauté

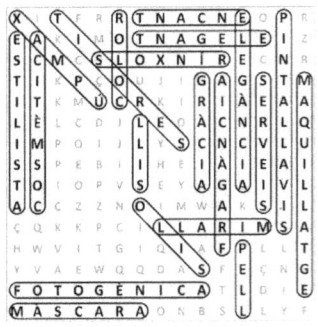

25 - Avions

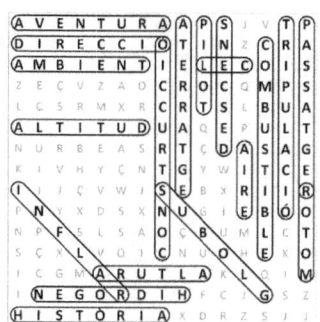

26 - Aventure

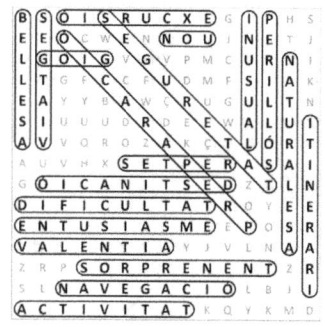

27 - Ville

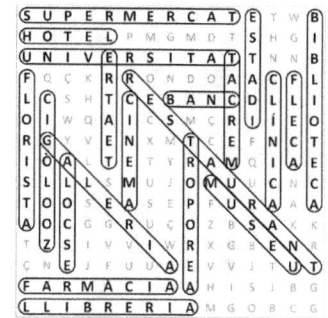

28 - Ingénierie

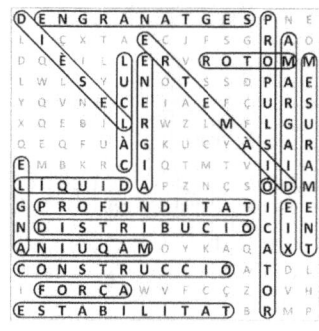

29 - Énergie

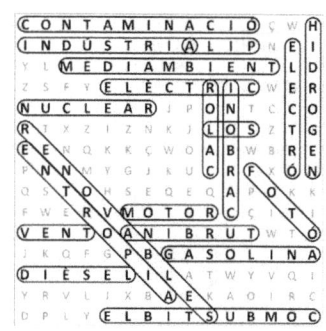

30 - Cuisine

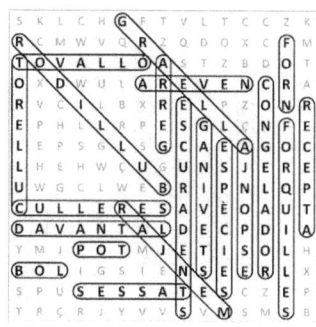

31 - Corps Humain

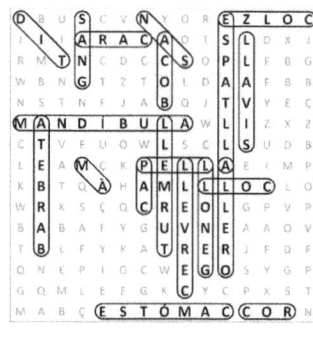

32 - Biologie

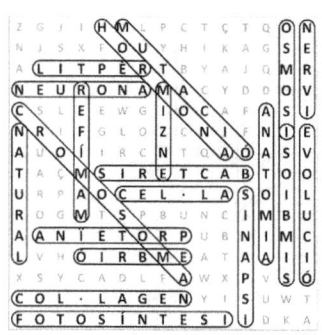

33 - Épices

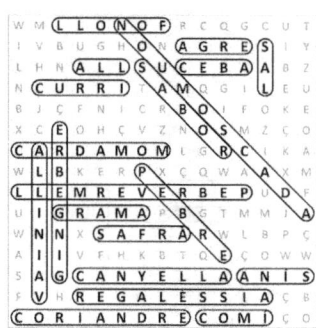

34 - Agronomie

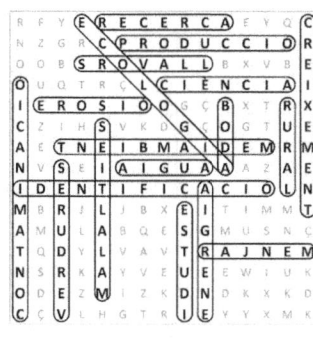

35 - Science

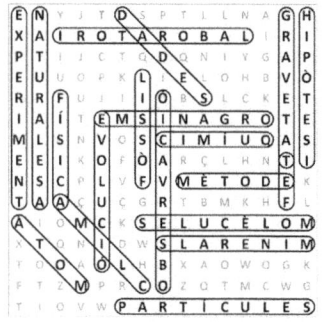

36 - Vêtements

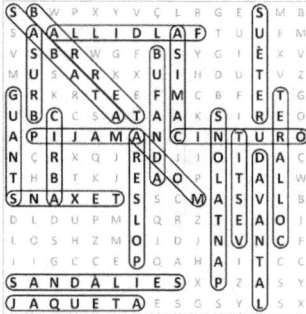

37 - Méditation

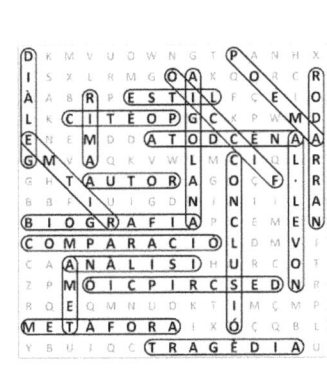

38 - Littérature

39 - Nourriture #1

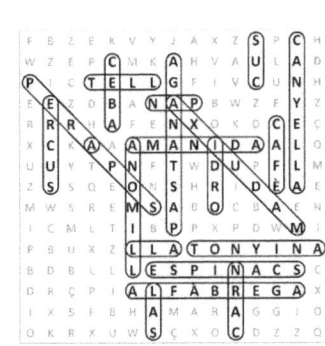

40 - Jours et Mois

41 - Jardinage

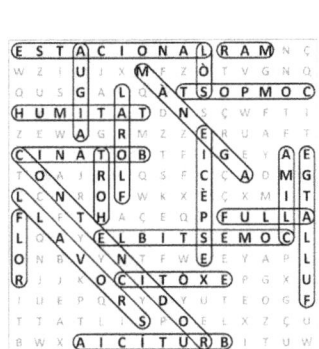
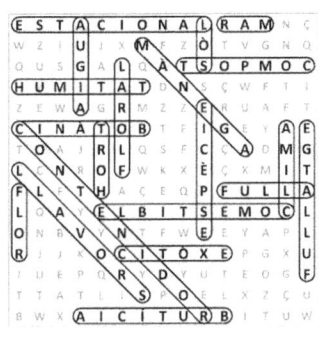

42 - Entreprise

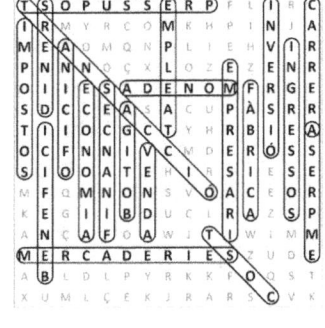

43 - Activités

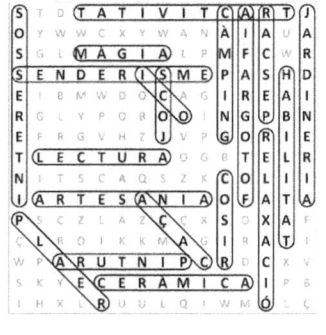

44 - Mode

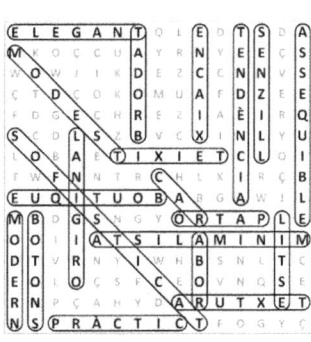
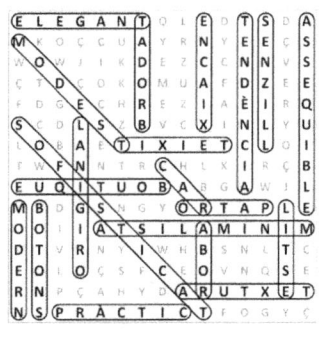

45 - Nourriture #2

46 - Algèbre

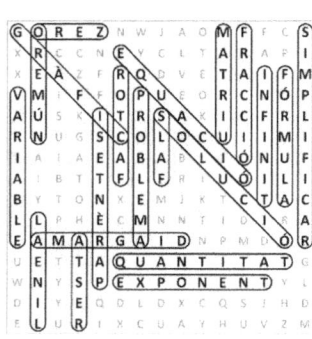

47 - Océan

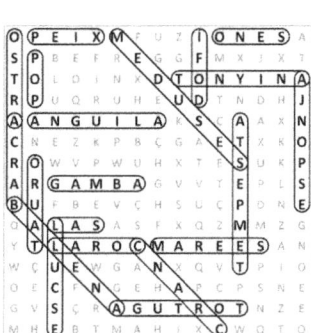
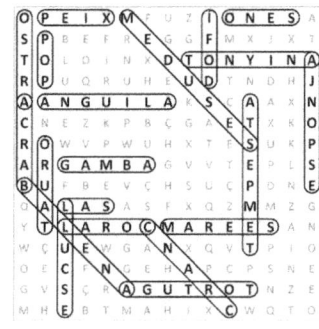

48 - Antiquités

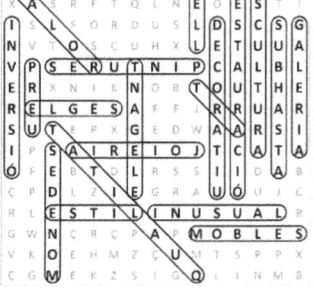

49 - Boxe

50 - Réchauffement Cli

51 - Ballet

52 - Fruit

53 - Musique

54 - L'Entreprise

55 - Gouvernement

56 - Randonnée

57 - Art

58 - Nutrition

59 - Créativité

60 - Science Fiction

61 - Professions #1

62 - Géologie

63 - Jardin

64 - Santé et Bien Être #1

65 - Barbecues

66 - Forêt Tropicale

67 - Ferme #1

68 - Café

69 - Antarctique

70 - Professions #2

71 - Les Abeilles

72 - Santé et Bien Être #2

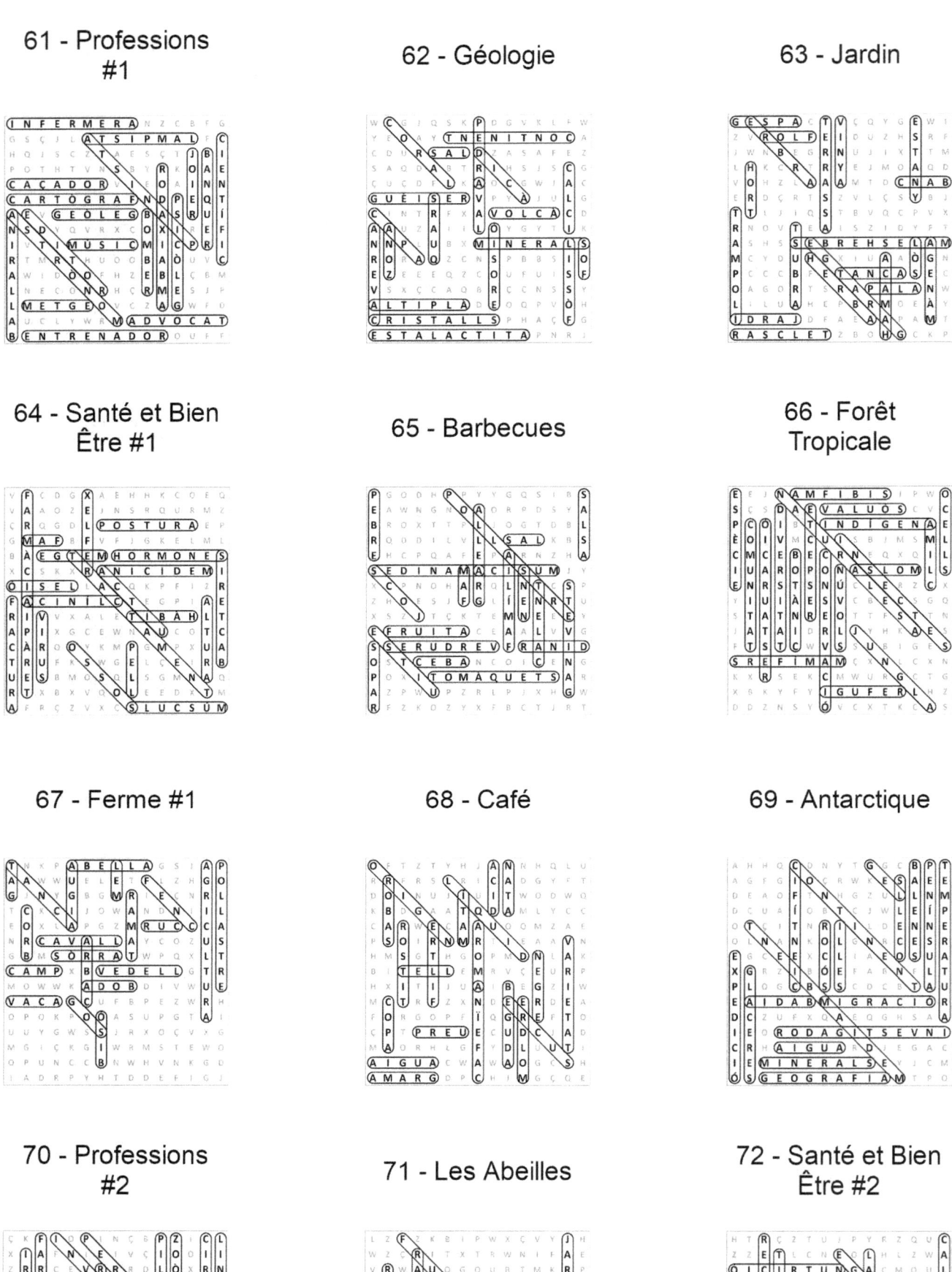

73 - Conduite

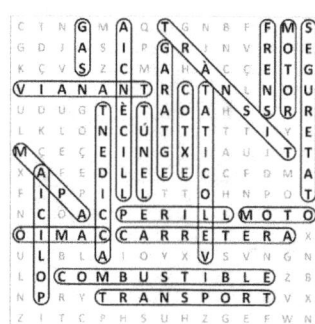

74 - Plantes

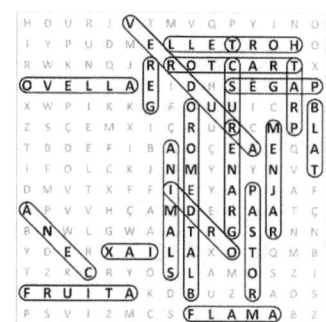

75 - Ferme #2

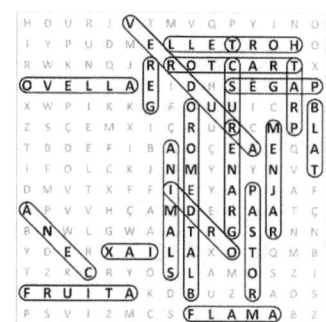

76 - Vacances #2

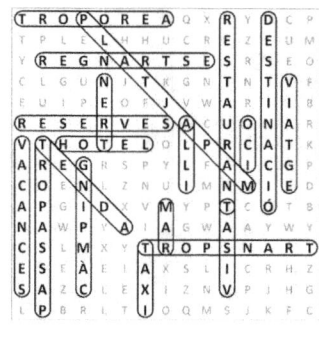

77 - Éthique

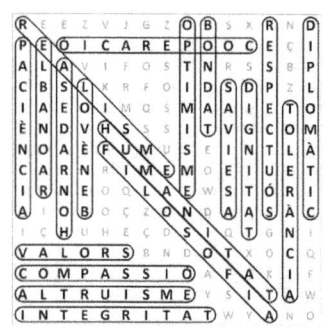

78 - Temps

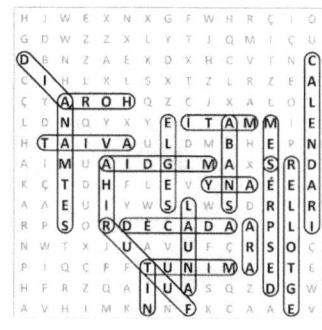

79 - Maison

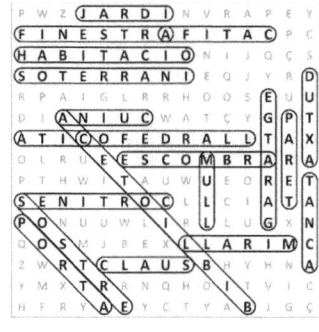

80 - Légumes

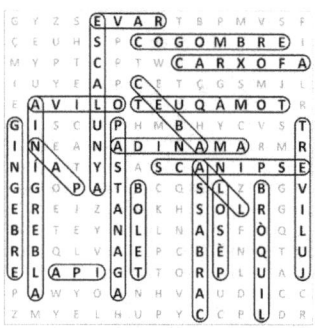

81 - Famille

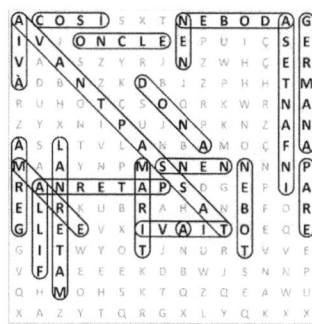

82 - Oiseaux

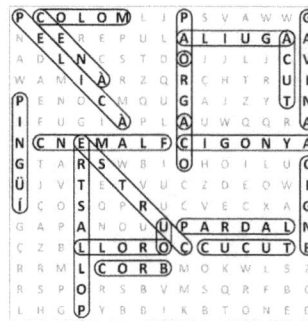

83 - Disciplines Scientifiques

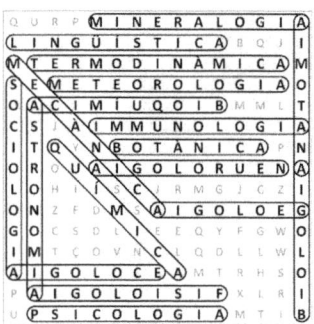

84 - Maladie

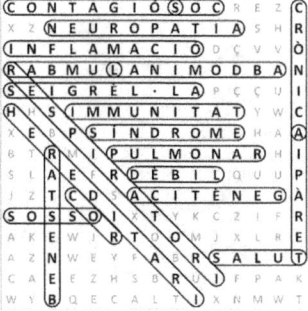

85 - Univers

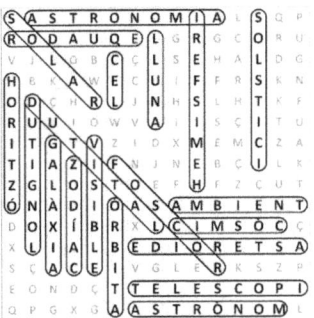

86 - Géographie

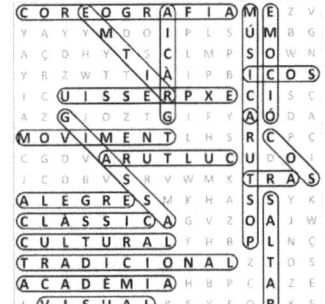

87 - Danse

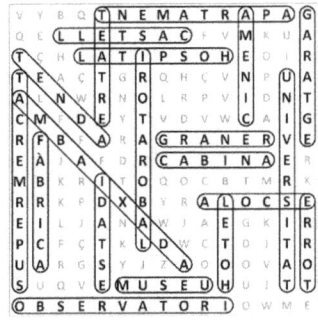

88 - Bâtiments

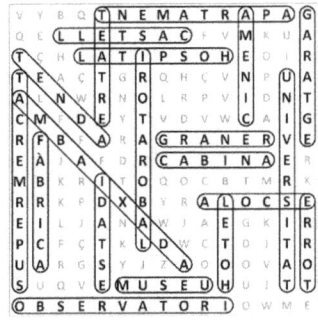

89 - Activités et Loisirs

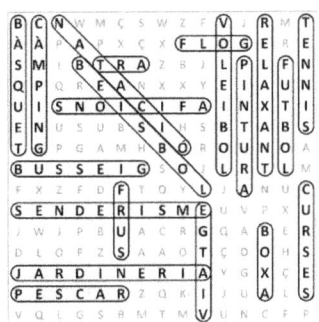

90 - Livres

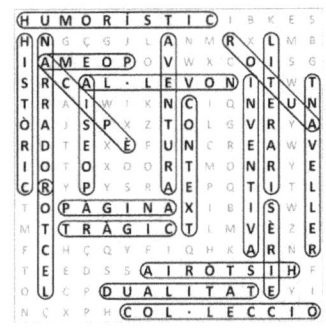

91 - Pays #2

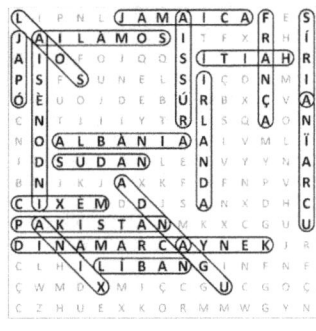

92 - Jazz

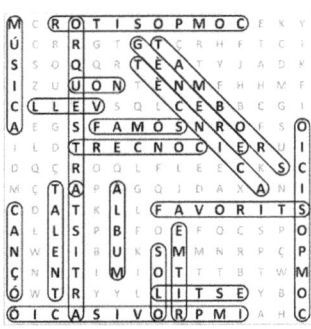

93 - Paysages

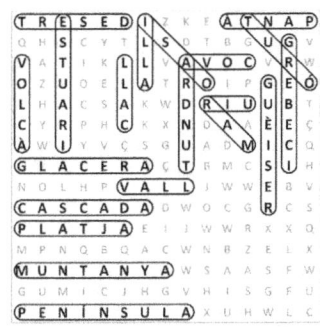

94 - Pays #1

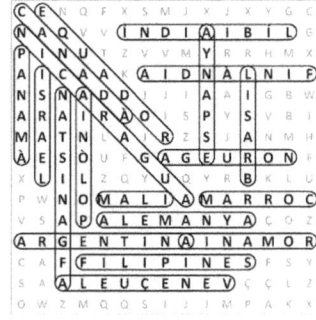

95 - Nombres

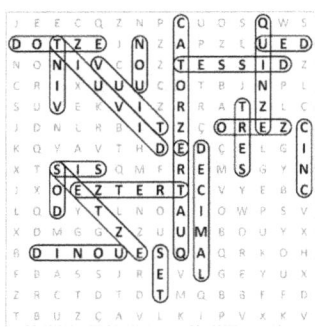

96 - Psychologie

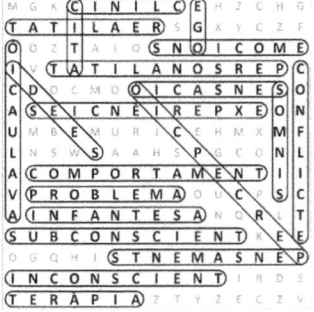

97 - Nature

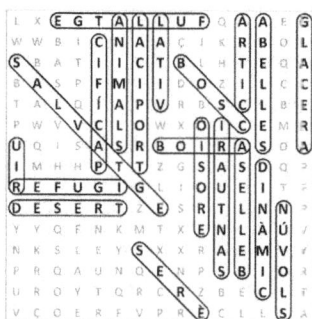

98 - Chimie

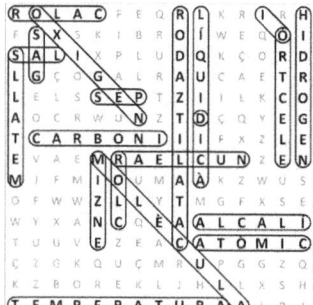

99 - Bateaux

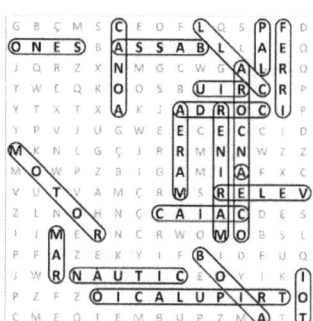

100 - Mesures

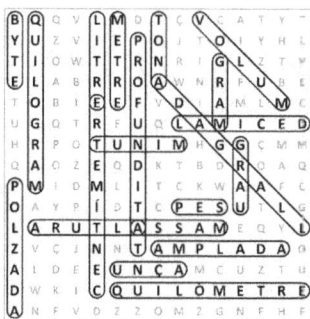

Dictionnaire

Activités
Activitats

Activité	Activitat
Art	Art
Artisanat	Artesania
Camping	Càmping
Céramique	Ceràmica
Chasse	Caça
Compétence	Habilitat
Couture	Cosir
Intérêts	Interessos
Jardinage	Jardineria
Jeux	Jocs
Lecture	Lectura
Loisir	Oci
Magie	Màgia
Peinture	Pintura
Pêche	Pescar
Photographie	Fotografia
Plaisir	Plaer
Randonnée	Senderisme
Relaxation	Relaxació

Activités et Loisirs
Activitats i Lleure

Art	Art
Base-Ball	Beisbol
Basket-Ball	Bàsquet
Boxe	Boxa
Camping	Càmping
Course	Curses
Football	Futbol
Golf	Golf
Jardinage	Jardineria
Nager	Natació
Passe-Temps	Aficions
Peinture	Pintura
Pêche	Pescar
Plongée	Busseig
Randonnée	Senderisme
Relaxant	Relaxant
Surf	Surf
Tennis	Tennis
Volley-Ball	Voleibol
Voyage	Viatge

Adjectifs #1
Adjectius #1

Absolu	Absolut
Actif	Actiu
Ambitieux	Ambiciós
Aromatique	Aromàtic
Artistique	Artístic
Attractif	Atractiu
Beau	Bonic
Exotique	Exòtic
Énorme	Enorme
Généreux	Generós
Honnête	Honest
Identique	Idèntic
Important	Important
Innocent	Innocent
Jeune	Jove
Lent	Lent
Lourd	Pesat
Mince	Prim
Moderne	Modern
Parfait	Perfecte

Adjectifs #2
Adjectius #2

Authentique	Autèntic
Célèbre	Famós
Créatif	Creatiu
Descriptif	Descriptiu
Doué	Dotat
Dramatique	Dramàtic
Élégant	Elegant
Fier	Orgullós
Fort	Fort
Intéressant	Interessant
Naturel	Natural
Nouveau	Nou
Productif	Productiu
Puissant	Potent
Pur	Pur
Responsable	Responsable
Sain	Saludable
Salé	Salat
Sauvage	Salvatge
Sec	Sec

Agronomie
Agronomia

Agriculture	Agricultura
Croissance	Creixement
Eau	Aigua
Engrais	Adob
Environnement	Medi Ambient
Écologie	Ecologia
Énergie	Energia
Érosion	Erosió
Étude	Estudi
Graines	Llavors
Identification	Identificació
Légumes	Verdures
Maladies	Malalties
Nourriture	Menjar
Pollution	Contaminació
Production	Producció
Recherche	Recerca
Rural	Rural
Science	Ciència
Systèmes	Sistemes

Algèbre
Àlgebra

Diagramme	Diagrama
Exposant	Exponent
Équation	Equació
Facteur	Factor
Faux	Fals
Formule	Fórmula
Fraction	Fracció
Graphique	Gràfic
Infini	Infinit
Linéaire	Lineal
Matrice	Matriu
Nombre	Número
Parenthèse	Parèntesi
Problème	Problema
Quantité	Quantitat
Simplifier	Simplificar
Solution	Solució
Soustraction	Resta
Variable	Variable
Zéro	Zero

Antarctique
Antàrtida

Baie	Badia
Baleines	Balenes
Chercheur	Investigador
Conservation	Conservació
Continent	Continent
Eau	Aigua
Environnement	Medi Ambient
Expédition	Expedició
Géographie	Geografia
Glace	Gel
Glaciers	Glaceres
Îles	Illes
Migration	Migració
Minéraux	Minerals
Oiseaux	Ocells
Péninsule	Península
Rocheux	Rocós
Scientifique	Científic
Température	Temperatura
Topographie	Topografia

Antiquités
Antiguitats

Art	Art
Authentique	Autèntic
Bijoux	Joieria
Décoratif	Decoratiu
Enchères	Subhasta
Élégant	Elegant
Galerie	Galeria
Inhabituel	Inusual
Investissement	Inversió
Meubles	Mobles
Peintures	Pintures
Pièces	Monedes
Prix	Preu
Qualité	Qualitat
Restauration	Restauració
Sculpture	Escultura
Siècle	Segle
Style	Estil
Valeur	Valor
Vieux	Vell

Archéologie
Arqueologia

Analyse	Anàlisi
Antiquité	Antiguitat
Chercheur	Investigador
Civilisation	Civilització
Descendant	Descendent
Expert	Expert
Ère	Era
Équipe	Equip
Évaluation	Avaluació
Fossile	Fòssil
Inconnu	Desconegut
Mystère	Misteri
Objets	Objectes
Os	Ossos
Oublié	Oblidat
Poterie	Ceràmica
Professeur	Professor
Relique	Relíquia
Temple	Temple
Tombe	Tomba

Art
L'Art

Céramique	Ceràmica
Complexe	Complex
Composition	Composició
Créer	Crear
Dépeindre	Retratar
Expression	Expressió
Figure	Xifra
Honnête	Honest
Humeur	Humor
Inspiré	Inspirat
Original	Original
Peintures	Pintures
Personnel	Personal
Poésie	Poesia
Sculpture	Escultura
Simple	Senzill
Sujet	Tema
Surréalisme	Surrealisme
Symbole	Símbol
Visuel	Visual

Astronomie
Astronomia

Astéroïde	Asteroide
Astronaute	Astronauta
Astronome	Astrònom
Ciel	Cel
Constellation	Constel·lació
Cosmos	Cosmos
Éclipse	Eclipsi
Équinoxe	Equinocci
Fusée	Coet
Galaxie	Galàxia
Lune	Lluna
Météore	Meteor
Nébuleuse	Nebulosa
Observatoire	Observatori
Planète	Planeta
Radiation	Radiació
Solaire	Solar
Supernova	Supernova
Terre	Terra
Univers	Univers

Aventure
Aventura

Activité	Activitat
Beauté	Bellesa
Bravoure	Valentia
Chance	Oportunitat
Dangereux	Perillós
Destination	Destinació
Défis	Reptes
Difficulté	Dificultat
Enthousiasme	Entusiasme
Excursion	Excursió
Inhabituel	Inusual
Itinéraire	Itinerari
Joie	Goig
Nature	Naturalesa
Navigation	Navegació
Nouveau	Nou
Préparation	Preparació
Sécurité	Seguretat
Surprenant	Sorprenent
Voyages	Viatges

Avions
Avions

Air	Aire
Altitude	Altitud
Atmosphère	Ambient
Atterrissage	Aterratge
Aventure	Aventura
Ballon	Globus
Carburant	Combustible
Ciel	Cel
Construction	Construcció
Descente	Descens
Direction	Direcció
Équipage	Tripulació
Gonfler	Inflar
Hauteur	Altura
Histoire	Història
Hydrogène	Hidrogen
Moteur	Motor
Passager	Passatger
Pilote	Pilot
Turbulence	Turbulència

Ballet
Ballet

Applaudissement	Aplaudiments
Artistique	Artístic
Ballerine	Ballarina
Chorégraphie	Coreografia
Compétence	Habilitat
Compositeur	Compositor
Danseurs	Ballarins
Expressif	Expressiu
Geste	Gest
Gracieux	Agraciat
Intensité	Intensitat
Muscles	Músculs
Musique	Música
Orchestre	Orquestra
Public	Audiència
Répétition	Assaig
Rythme	Ritme
Solo	Solo
Style	Estil
Technique	Tècnica

Barbecues
Barbacoes

Chaud	Calent
Couteaux	Ganivets
Déjeuner	Dinar
Dîner	Sopar
Enfants	Nens
Été	Estiu
Faim	Fam
Famille	Família
Fruit	Fruita
Gril	Graella
Jeux	Jocs
Légumes	Verdures
Musique	Música
Oignons	Ceba
Poivre	Pebre
Poulet	Pollastre
Salades	Amanides
Sauce	Salsa
Sel	Sal
Tomates	Tomàquets

Bateaux
Vaixells

Ancre	Àncora
Bouée	Boia
Canoë	Canoa
Corde	Corda
Équipage	Tripulació
Ferry	Ferri
Fleuve	Riu
Kayak	Caiac
Lac	Llac
Marée	Marea
Marin	Mariner
Mât	Pal
Mer	Mar
Moteur	Motor
Nautique	Nàutic
Océan	Oceà
Radeau	Bassa
Vagues	Ones
Voilier	Veler
Yacht	Iot

Bâtiments
Edificis

Ambassade	Ambaixada
Appartement	Apartament
Cabine	Cabina
Château	Castell
Cinéma	Cinema
École	Escola
Garage	Garatge
Grange	Graner
Hôpital	Hospital
Hôtel	Hotel
Laboratoire	Laboratori
Musée	Museu
Observatoire	Observatori
Stade	Estadi
Supermarché	Supermercat
Tente	Tenda
Théâtre	Teatre
Tour	Torre
Université	Universitat
Usine	Fàbrica

Beauté
La Bellesa

Boucles	Rínxols
Charme	Encant
Ciseaux	Tisores
Cosmétique	Cosmètica
Couleur	Color
Élégance	Elegància
Élégant	Elegant
Grâce	Gràcia
Huiles	Olis
Lisse	Llis
Maquillage	Maquillatge
Mascara	Màscara
Miroir	Mirall
Parfum	Fragància
Peau	Pell
Photogénique	Fotogènica
Rouge à Lèvres	Pintallavis
Services	Serveis
Shampooing	Xampú
Styliste	Estilista

Biologie
Biologia

Anatomie	Anatomia
Bactéries	Bacteris
Cellule	Cel·la
Chromosome	Cromosoma
Collagène	Col·lagen
Embryon	Embrió
Enzyme	Enzim
Évolution	Evolució
Hormone	Hormona
Mammifère	Mamífer
Mutation	Mutació
Naturel	Natural
Nerf	Nervi
Neurone	Neurona
Osmose	Osmosi
Photosynthèse	Fotosíntesi
Protéine	Proteïna
Reptile	Rèptil
Symbiose	Simbiosi
Synapse	Sinapsi

Boxe
Boxa

Adversaire	Oponent
Arbitre	Àrbitre
Blessures	Lesions
Cloche	Campana
Coin	Cantonada
Combattant	Lluitador
Compétence	Habilitat
Concentrer	Focus
Cordes	Cordes
Corps	Cos
Coude	Colze
Coup	Puntada
Épuisé	Esgotat
Force	Força
Gants	Guants
Menton	Barbeta
Poing	Puny
Points	Punts
Rapide	Ràpid
Récupération	Recuperació

Café
Cafè

Acide	Àcid
Amer	Amarg
Arôme	Aroma
Boisson	Beguda
Caféine	Cafeïna
Crème	Nata
Eau	Aigua
Filtre	Filtre
Lait	Llet
Liquide	Líquid
Matin	Matí
Moudre	Moldre
Noir	Negre
Origine	Origen
Prix	Preu
Rôti	Rostit
Saveur	Sabor
Sucre	Sucre
Tasse	Copa
Variété	Varietat

Camping
Campament

Animaux	Animals
Aventure	Aventura
Boussole	Brúixola
Cabine	Cabina
Canoë	Canoa
Carte	Mapa
Chapeau	Barret
Chasse	Caça
Corde	Corda
Équipement	Equipament
Feu	Foc
Forêt	Bosc
Hamac	Hamaca
Insecte	Insecte
Lac	Llac
Lanterne	Llanterna
Lune	Lluna
Montagne	Muntanya
Nature	Naturalesa
Tente	Tenda

Chimie
Química

Acide	Àcid
Alcalin	Alcalí
Atomique	Atòmic
Carbone	Carboni
Catalyseur	Catalitzador
Chaleur	Calor
Chlore	Clor
Enzyme	Enzim
Électron	Electró
Gaz	Gas
Hydrogène	Hidrogen
Ion	Ió
Liquide	Líquid
Métaux	Metalls
Molécule	Molècula
Nucléaire	Nuclear
Oxygène	Oxigen
Poids	Pes
Sel	Sal
Température	Temperatura

Chocolat
Xocolata

Amer	Amarg
Antioxydant	Antioxidant
Arôme	Aroma
Artisanal	Artesanal
Cacahuètes	Cacauets
Cacao	Cacau
Calories	Calories
Caramel	Caramel
Délicieux	Deliciós
Doux	Dolç
Exotique	Exòtic
Favori	Favorit
Goût	Gust
Ingrédient	Ingredient
Noix de Coco	Coco
Poudre	Pols
Qualité	Qualitat
Recette	Recepta
Saveur	Sabor
Sucre	Sucre

Conduite
Conducció

Accident	Accident
Camion	Camió
Carburant	Combustible
Carte	Mapa
Danger	Perill
Freins	Frens
Garage	Garatge
Gaz	Gas
Licence	Llicència
Moteur	Motor
Moto	Moto
Piéton	Vianant
Police	Policia
Route	Carretera
Sécurité	Seguretat
Trafic	Trànsit
Transport	Transport
Tunnel	Túnel
Vitesse	Velocitat
Voiture	Cotxe

Corps Humain
Cos Humà

Bouche	Boca
Cerveau	Cervell
Cheville	Turmell
Cou	Coll
Coude	Colze
Cœur	Cor
Doigt	Dit
Estomac	Estómac
Épaule	Espatlla
Genou	Genoll
Lèvres	Llavis
Main	Mà
Mâchoire	Mandíbula
Menton	Barbeta
Nez	Nas
Oreille	Orella
Peau	Pell
Sang	Sang
Tête	Cap
Visage	Cara

Créativité
Creativitat

Artistique	Artístic
Authenticité	Autenticitat
Clarté	Claredat
Compétence	Habilitat
Dramatique	Dramàtic
Expression	Expressió
Émotions	Emocions
Fluidité	Fluïdesa
Idées	Idees
Image	Imatge
Imagination	Imaginació
Impression	Impressió
Inspiration	Inspiració
Intensité	Intensitat
Intuition	Intuïció
Inventif	Inventiva
Sensation	Sensació
Spontané	Espontani
Visions	Visions
Vitalité	Vitalitat

Cuisine
Cuina

Baguettes	Escuradents
Bol	Bol
Bouilloire	Bullidor
Congélateur	Congelador
Couteaux	Ganivets
Cruche	Gerra
Cuillères	Culleres
Épices	Espècies
Éponge	Esponja
Four	Forn
Fourchettes	Forquilles
Gril	Graella
Louche	Cullerot
Nourriture	Menjar
Pot	Pot
Recette	Recepta
Réfrigérateur	Nevera
Serviette	Tovalló
Tablier	Davantal
Tasses	Tasses

Danse
Dansa

Académie	Acadèmia
Art	Art
Chorégraphie	Coreografia
Classique	Clàssic
Corps	Cos
Culture	Cultura
Culturel	Cultural
Expressif	Expressiu
Émotion	Emoció
Grâce	Gràcia
Joyeux	Alegre
Mouvement	Moviment
Musique	Música
Partenaire	Soci
Posture	Postura
Répétition	Assaig
Rythme	Ritme
Saut	Saltar
Traditionnel	Tradicional
Visuel	Visual

Diplomatie
Diplomàcia

Ambassade	Ambaixada
Ambassadeur	Ambaixador
Citoyens	Ciutadans
Communauté	Comunitat
Conflit	Conflicte
Conseiller	Assessor
Coopération	Cooperació
Diplomatique	Diplomàtic
Discussion	Discussió
Éthique	Ètica
Étranger	Estranger
Gouvernement	Govern
Humanitaire	Humanitari
Intégrité	Integritat
Justice	Justícia
Politique	Política
Résolution	Resolució
Sécurité	Seguretat
Solution	Solució
Traité	Tractat

Disciplines Scientifiques
Disciplines Científiques

Anatomie	Anatomia
Archéologie	Arqueologia
Astronomie	Astronomia
Biochimie	Bioquímica
Biologie	Biologia
Botanique	Botànica
Chimie	Química
Écologie	Ecologia
Géologie	Geologia
Immunologie	Immunologia
Linguistique	Lingüística
Mécanique	Mecànica
Météorologie	Meteorologia
Minéralogie	Mineralogia
Neurologie	Neurologia
Physiologie	Fisiologia
Psychologie	Psicologia
Sociologie	Sociologia
Thermodynamiq ue	Termodinàmica
Zoologie	Zoologia

Entreprise
Negocis

Argent	Diners
Boutique	Botiga
Budget	Pressupost
Bureau	Oficina
Carrière	Carrera
Coût	Cost
Devise	Moneda
Employeur	Empresari
Employé	Empleat
Entreprise	Empresa
Économie	Economia
Finance	Finances
Impôts	Impostos
Investissement	Inversió
Marchandise	Mercaderies
Profit	Benefici
Revenu	Ingressos
Transaction	Transacció
Usine	Fàbrica
Vente	Venda

Écologie
Ecologia

Bénévoles	Voluntaris
Climat	Clima
Communautés	Comunitats
Diversité	Diversitat
Durable	Sostenible
Espèce	Espècie
Faune	Fauna
Flore	Flora
Habitat	Hàbitat
Marais	Pantà
Marin	Marí
Montagnes	Muntanyes
Nature	Naturalesa
Naturel	Natural
Plantes	Plantes
Ressources	Recursos
Sécheresse	Sequera
Survie	Supervivència
Variété	Varietat
Végétation	Vegetació

Énergie
Energia

Batterie	Pila
Carbone	Carboni
Carburant	Combustible
Chaleur	Calor
Diesel	Dièsel
Entropie	Entropia
Environnement	Medi Ambient
Essence	Gasolina
Électrique	Elèctric
Électron	Electró
Hydrogène	Hidrogen
Industrie	Indústria
Moteur	Motor
Nucléaire	Nuclear
Photon	Fotó
Pollution	Contaminació
Renouvelable	Renovables
Soleil	Sol
Turbine	Turbina
Vent	Vent

Épices
Espècies

Aigre	Agre
Ail	All
Amer	Amarg
Anis	Anís
Cannelle	Canyella
Cardamome	Cardamom
Coriandre	Coriandre
Cumin	Comí
Curry	Curri
Fenouil	Fonoll
Gingembre	Gingebre
Muscade	Nou Moscada
Oignon	Ceba
Paprika	Pebre Vermell
Poivre	Pebre
Réglisse	Regalèssia
Safran	Safrà
Saveur	Sabor
Sel	Sal
Vanille	Vainilla

Éthique
Ètica

Altruisme	Altruisme
Bienveillant	Benèvol
Compassion	Compassió
Coopération	Cooperació
Dignité	Dignitat
Diplomatique	Diplomàtic
Gentillesse	Bondat
Honnêteté	Honradesa
Humanité	Humanitat
Intégrité	Integritat
Optimisme	Optimisme
Patience	Paciència
Philosophie	Filosofia
Raisonnable	Raonable
Rationalité	Racionalitat
Respectueux	Respectuós
Réalisme	Realisme
Sagesse	Saviesa
Tolérance	Tolerància
Valeurs	Valors

Famille
La Família

Ancêtre	Avantpassat
Cousin	Cosí
Enfance	Infantesa
Enfant	Nen
Enfants	Nens
Femme	Dona
Fille	Filla
Frère	Germà
Grand-Mère	Àvia
Grand-Père	Avi
Mari	Marit
Maternel	Maternal
Mère	Mare
Neveu	Nebot
Nièce	Neboda
Oncle	Oncle
Paternel	Paterna
Père	Pare
Soeur	Germana
Tante	Tia

Ferme #1
Granja #1

Abeille	Abella
Agriculture	Agricultura
Âne	Ruc
Bison	Bisó
Champ	Camp
Chat	Gat
Cheval	Cavall
Chèvre	Cabra
Chien	Gos
Clôture	Tanca
Corbeau	Corb
Eau	Aigua
Engrais	Adob
Foin	Fenc
Miel	Mel
Poulet	Pollastre
Riz	Arròs
Troupeau	Ramat
Vache	Vaca
Veau	Vedell

Ferme #2
Granja #2

Agneau	Xai
Agriculteur	Pagès
Animaux	Animals
Berger	Pastor
Blé	Blat
Canard	Ànec
Fruit	Fruita
Grange	Graner
Irrigation	Reg
Lait	Llet
Lama	Flama
Légume	Verdura
Maïs	Blat de Moro
Mouton	Ovella
Nourriture	Menjar
Orge	Ordi
Pré	Prat
Ruche	Rusc
Tracteur	Tractor
Verger	Hort

Force et Gravité
La Força i la Gravetat

Axe	Eix
Centre	Centre
Découverte	Descobriment
Distance	Distància
Dynamique	Dinàmic
Expansion	Expansió
Friction	Fricció
Impact	Impacte
Magnétisme	Magnetisme
Mécanique	Mecànica
Mouvement	Moviment
Orbite	Òrbita
Physique	Física
Planètes	Planetes
Poids	Pes
Pression	Pressió
Propriétés	Propietats
Temps	Temps
Universel	Universal
Vitesse	Velocitat

Forêt Tropicale
Selva Tropical

Amphibiens	Amfibis
Botanique	Botànic
Climat	Clima
Communauté	Comunitat
Diversité	Diversitat
Espèce	Espècie
Indigène	Indígena
Insectes	Insectes
Jungle	Jungla
Mammifères	Mamífers
Mousse	Molsa
Nature	Naturalesa
Nuage	Núvols
Oiseaux	Ocells
Précieux	Valuós
Préservation	Conservació
Refuge	Refugi
Respect	Respecte
Restauration	Restauració
Survie	Supervivència

Formes
Formes

Arc	Arc
Bords	Vores
Carré	Quadrat
Cercle	Cercle
Coin	Cantonada
Courbe	Corba
Cône	Con
Côté	Costat
Cube	Cub
Cylindre	Cilindre
Ellipse	El·lipse
Hyperbole	Hipèrbola
Ligne	Línia
Ovale	Oval
Polygone	Polígon
Prisme	Prisma
Pyramide	Piràmide
Rectangle	Rectangle
Sphère	Esfera
Triangle	Triangle

Fruit
Fruita

Abricot	Albercoc
Ananas	Pinya
Avocat	Alvocat
Baie	Baia
Banane	Plàtan
Cerise	Cirera
Citron	Llimona
Figue	Figa
Framboise	Gerd
Goyave	Guaiaba
Kiwi	Kiwi
Mangue	Mango
Melon	Meló
Nectarine	Nectarina
Orange	Taronja
Papaye	Papaia
Pêche	Préssec
Poire	Pera
Pomme	Poma
Raisin	Raïm

Géographie
Geografia

Altitude	Altitud
Atlas	Atles
Carte	Mapa
Continent	Continent
Fleuve	Riu
Hémisphère	Hemisferi
Île	Illa
Latitude	Latitud
Mer	Mar
Méridien	Meridià
Monde	Món
Montagne	Muntanya
Nord	Nord
Océan	Oceà
Ouest	Oest
Pays	País
Région	Regió
Sud	Sud
Territoire	Territori
Ville	Ciutat

Géologie
Geologia

Acide	Àcid
Calcium	Calci
Caverne	Caverna
Continent	Continent
Corail	Coral
Couche	Capa
Cristaux	Cristalls
Érosion	Erosió
Fondu	Fos
Fossile	Fòssil
Geyser	Guèiser
Lave	Lava
Minéraux	Minerals
Pierre	Pedra
Plateau	Altiplà
Quartz	Quars
Sel	Sal
Stalactite	Estalactita
Volcan	Volcà
Zone	Zona

Géométrie
Geometria

Angle	Angle
Calcul	Càlcul
Cercle	Cercle
Courbe	Corba
Diamètre	Diàmetre
Dimension	Dimensió
Équation	Equació
Hauteur	Altura
Logique	Lògica
Masse	Massa
Médian	Mediana
Nombre	Número
Parallèle	Paral·lel
Proportion	Proporció
Segment	Segment
Surface	Superfície
Symétrie	Simetria
Théorie	Teoria
Triangle	Triangle
Vertical	Vertical

Gouvernement
Govern

Citoyenneté	Ciutadania
Civil	Civil
Constitution	Constitució
Démocratie	Democràcia
Discours	Discurs
Discussion	Discussió
Droits	Drets
Égalité	Igualtat
État	Estat
Indépendance	Independència
Judiciaire	Judicial
Justice	Justícia
Liberté	Llibertat
Loi	Llei
Monument	Monument
Nation	Nació
National	Nacional
Paisible	Pacífic
Politique	Política
Symbole	Símbol

Herboristerie
Herboristeria

Ail	All
Aromatique	Aromàtic
Basilic	Alfàbrega
Bénéfique	Beneficiós
Culinaire	Culinària
Estragon	Estragó
Fenouil	Fonoll
Fleur	Flor
Ingrédient	Ingredient
Jardin	Jardí
Lavande	Lavanda
Marjolaine	Marduix
Menthe	Menta
Persil	Julivert
Qualité	Qualitat
Romarin	Romaní
Safran	Safrà
Saveur	Sabor
Thym	Farigola
Vert	Verd

Ingénierie
Enginyeria

Angle	Angle
Axe	Eix
Calcul	Càlcul
Construction	Construcció
Diagramme	Diagrama
Diamètre	Diàmetre
Diesel	Dièsel
Distribution	Distribució
Engrenages	Engranatges
Énergie	Energia
Force	Força
Liquide	Líquid
Machine	Màquina
Mesure	Mesurament
Moteur	Motor
Profondeur	Profunditat
Propulsion	Propulsió
Rotation	Rotació
Stabilité	Estabilitat
Structure	Estructura

Instruments de Musique
Instruments Musicals

Banjo	Banjo
Basson	Fagot
Clarinette	Clarinet
Flûte	Flauta
Gong	Gong
Guitare	Guitarra
Harmonica	Harmònica
Harpe	Arpa
Hautbois	Oboè
Mandoline	Mandolina
Marimba	Marimba
Percussion	Percussió
Piano	Piano
Saxophone	Saxofon
Tambour	Tambor
Tambourin	Pandereta
Trombone	Trombó
Trompette	Trompeta
Violon	Violí
Violoncelle	Violoncel

Jardin
Jardí

Arbre	Arbre
Banc	Banc
Buisson	Arbust
Clôture	Tanca
Étang	Estany
Fleur	Flor
Garage	Garatge
Hamac	Hamaca
Herbe	Herba
Jardin	Jardí
Mauvaises Herbes	Males Herbes
Pelle	Pala
Pelouse	Gespa
Râteau	Rasclet
Sol	Sòl
Terrasse	Terrassa
Trampoline	Trampolí
Tuyau	Mànega
Verger	Hort
Vigne	Vinya

Jardinage
Jardineria

Botanique	Botànic
Bouquet	Ram
Climat	Clima
Comestible	Comestible
Compost	Compost
Eau	Aigua
Espèce	Espècie
Exotique	Exòtic
Feuillage	Fullatge
Feuille	Fulla
Fleur	Flor
Floral	Floral
Graines	Llavors
Humidité	Humitat
Récipient	Contenidor
Saisonnier	Estacional
Saleté	Brutícia
Sol	Sòl
Tuyau	Mànega
Verger	Hort

Jazz
Jazz

Album	Àlbum
Artiste	Artista
Célèbre	Famós
Chanson	Cançó
Compositeur	Compositor
Composition	Composició
Concert	Concert
Favoris	Favorits
Genre	Gènere
Improvisation	Improvisació
Musique	Música
Nouveau	Nou
Orchestre	Orquestra
Rythme	Ritme
Solo	Solo
Style	Estil
Talent	Talent
Tambours	Tambors
Technique	Tècnica
Vieux	Vell

Jours et Mois
Dies i Mesos

Août	Agost
Avril	Abril
Calendrier	Calendari
Dimanche	Diumenge
Février	Febrer
Janvier	Gener
Jeudi	Dijous
Juillet	Juliol
Juin	Juny
Lundi	Dilluns
Mardi	Dimarts
Mars	Març
Mercredi	Dimecres
Mois	Mes
Novembre	Novembre
Octobre	Octubre
Samedi	Dissabte
Semaine	Setmana
Septembre	Setembre
Vendredi	Divendres

L'Entreprise
La Companyia

Affaires	Negoci
Créatif	Creatiu
Décision	Decisió
Emploi	Ocupació
Global	Global
Industrie	Indústria
Innovant	Innovador
Investissement	Inversió
Possibilité	Possibilitat
Présentation	Presentació
Produit	Producte
Professionnel	Professional
Progrès	Progrés
Qualité	Qualitat
Ressources	Recursos
Revenu	Ingressos
Réputation	Reputació
Risques	Riscos
Tendances	Tendències
Unités	Unitats

Les Abeilles
Les Abelles

Ailes	Ales
Bénéfique	Beneficiós
Cire	Cera
Diversité	Diversitat
Essaim	Eixam
Écosystème	Ecosistema
Fleur	Flor
Fleurs	Flors
Fruit	Fruita
Fumée	Fum
Habitat	Hàbitat
Insecte	Insecte
Jardin	Jardí
Miel	Mel
Nourriture	Menjar
Plantes	Plantes
Pollen	Pol·len
Reine	Reina
Ruche	Rusc
Soleil	Sol

Les Médias
Els Mitjans de Comunicac

Attitudes	Actituds
Commercial	Comercial
Communication	Comunicació
En Ligne	En Línia
Édition	Edició
Éducation	Educació
Faits	Fets
Images	Imatges
Individuel	Individual
Industrie	Indústria
Intellectuel	Intel·lectual
Journaux	Diaris
Local	Local
Numérique	Digital
Opinion	Opinió
Photos	Fotografies
Public	Públic
Radio	Ràdio
Réseau	Xarxa
Télévision	Televisió

Légumes
Verdures

Ail	All
Artichaut	Carxofa
Aubergine	Albergínia
Brocoli	Bròquil
Carotte	Pastanaga
Céleri	Api
Champignon	Bolet
Citrouille	Carbassa
Concombre	Cogombre
Échalote	Escalunya
Épinard	Espinacs
Gingembre	Gingebre
Navet	Nap
Oignon	Ceba
Olive	Oliva
Persil	Julivert
Pois	Pèsol
Radis	Rave
Salade	Amanida
Tomate	Tomàquet

Littérature
Literatura

Analogie	Analogia
Analyse	Anàlisi
Anecdote	Anècdota
Auteur	Autor
Biographie	Biografia
Comparaison	Comparació
Conclusion	Conclusió
Description	Descripció
Dialogue	Diàleg
Fiction	Ficció
Métaphore	Metàfora
Narrateur	Narrador
Poème	Poema
Poétique	Poètic
Rime	Rima
Roman	Novel·la
Rythme	Ritme
Style	Estil
Thème	Tema
Tragédie	Tragèdia

Livres
Llibres

Auteur	Autor
Aventure	Aventura
Collection	Col·lecció
Contexte	Context
Dualité	Dualitat
Épique	Èpica
Histoire	Història
Historique	Històric
Humoristique	Humorístic
Inventif	Inventiva
Lecteur	Lector
Littéraire	Literari
Narrateur	Narrador
Page	Pàgina
Pertinent	Rellevant
Poème	Poema
Poésie	Poesia
Roman	Novel·la
Série	Sèrie
Tragique	Tràgic

Maison
Casa

Balai	Escombra
Bibliothèque	Biblioteca
Chambre	Habitació
Cheminée	Llar de Foc
Clés	Claus
Clôture	Tanca
Cuisine	Cuina
Douche	Dutxa
Fenêtre	Finestra
Garage	Garatge
Grenier	Àtic
Jardin	Jardí
Lampe	Llum
Miroir	Mirall
Mur	Paret
Plafond	Sostre
Porte	Porta
Rideaux	Cortines
Sous-Sol	Soterrani
Tapis	Catifa

Maladie
Malaltia

Abdominal	Abdominal
Allergies	Al·lèrgies
Bien-Être	Benestar
Chronique	Crònica
Contagieux	Contagiós
Corps	Cos
Cœur	Cor
Faible	Dèbil
Génétique	Genètica
Héréditaire	Hereditari
Immunité	Immunitat
Inflammation	Inflamació
Lombaire	Lumbar
Neuropathie	Neuropatia
Os	Ossos
Pulmonaire	Pulmonar
Respiratoire	Respiratori
Santé	Salut
Syndrome	Síndrome
Thérapie	Teràpia

Mammifères
Els Mamífers

Baleine	Balena
Chat	Gat
Cheval	Cavall
Chien	Gos
Coyote	Coiot
Dauphin	Dofí
Éléphant	Elefant
Girafe	Girafa
Gorille	Goril·la
Kangourou	Cangur
Lapin	Conill
Lion	Lleó
Loup	Llop
Mouton	Ovella
Ours	Ós
Renard	Guineu
Singe	Mico
Taureau	Bou
Tigre	Tigre
Zèbre	Zebra

Mathématiques
Matemàtiques

Angles	Angles
Arithmétique	Aritmètica
Carré	Quadrat
Décimal	Decimal
Diamètre	Diàmetre
Exposant	Exponent
Équation	Equació
Fraction	Fracció
Géométrie	Geometria
Parallèle	Paral·lel
Perpendiculaire	Perpendicular
Périmètre	Perímetre
Polygone	Polígon
Rayon	Radi
Rectangle	Rectangle
Somme	Suma
Sphère	Esfera
Symétrie	Simetria
Triangle	Triangle
Volume	Volum

Mesures
Mesuraments

Centimètre	Centímetre
Degré	Grau
Décimal	Decimal
Gramme	Gram
Hauteur	Altura
Kilogramme	Quilogram
Kilomètre	Quilòmetre
Largeur	Amplada
Litre	Litre
Longueur	Llargada
Masse	Massa
Mètre	Metre
Minute	Minut
Octet	Byte
Once	Unça
Poids	Pes
Pouce	Polzada
Profondeur	Profunditat
Tonne	Tona
Volume	Volum

Méditation
La Meditació

Acceptation	Acceptació
Attention	Atenció
Calme	Calma
Clarté	Claredat
Compassion	Compassió
Émotions	Emocions
Éveillé	Despert
Gentillesse	Bondat
Gratitude	Agraïment
Habitudes	Hàbits
Mental	Mental
Mouvement	Moviment
Musique	Música
Nature	Naturalesa
Observation	Observació
Paix	Pau
Perspective	Perspectiva
Posture	Postura
Respiration	Respiració
Silence	Silenci

Mode
La Moda

Abordable	Assequible
Boutique	Boutique
Boutons	Botons
Broderie	Brodat
Cher	Car
Dentelle	Encaix
Élégant	Elegant
Minimaliste	Minimalista
Moderne	Modern
Modeste	Modest
Modèle	Patró
Original	Original
Pratique	Pràctic
Simple	Senzill
Sophistiqué	Sofisticat
Style	Estil
Tendance	Tendència
Texture	Textura
Tissu	Teixit
Vêtements	Roba

Musique
Música

Album	Àlbum
Ballade	Balada
Chanter	Cantar
Chanteur	Cantant
Classique	Clàssic
Harmonie	Harmonia
Harmonique	Harmònic
Improviser	Improvisar
Instrument	Instrument
Lyrique	Líric
Mélodie	Melodia
Microphone	Micròfon
Musical	Musical
Musicien	Músic
Opéra	Òpera
Poétique	Poètic
Rythme	Ritme
Rythmique	Rítmic
Tempo	Tempo
Vocal	Vocal

Mythologie
Mitologia

Archétype	Arquetip
Catastrophe	Desastre
Comportement	Comportament
Création	Creació
Créature	Criatura
Croyances	Creences
Culture	Cultura
Éclair	Llamps
Force	Força
Guerrier	Guerrer
Héros	Heroi
Immortalité	Immortalitat
Jalousie	Gelosia
Labyrinthe	Laberint
Légende	Llegenda
Magique	Màgic
Monstre	Monstre
Mortel	Mortal
Tonnerre	Tro
Vengeance	Venjança

Nature
Naturalesa

Abeilles	Abelles
Abri	Refugi
Animaux	Animals
Arctique	Àrtic
Beauté	Bellesa
Brouillard	Boira
Désert	Desert
Dynamique	Dinàmic
Érosion	Erosió
Feuillage	Fullatge
Fleuve	Riu
Forêt	Bosc
Glacier	Glacera
Nuage	Núvols
Paisible	Pacífic
Sanctuaire	Santuari
Sauvage	Salvatge
Serein	Serè
Tropical	Tropical
Vital	Vital

Nombres
Números

Cinq	Cinc
Deux	Dos
Décimal	Decimal
Dix	Deu
Dix-Huit	Divuit
Dix-Neuf	Dinou
Dix-Sept	Disset
Douze	Dotze
Huit	Vuit
Neuf	Nou
Quatorze	Catorze
Quatre	Quatre
Quinze	Quinze
Seize	Setze
Sept	Set
Six	Sis
Treize	Tretze
Trois	Tres
Vingt	Vint
Zéro	Zero

Nourriture #1
Menjar #1

Ail	All
Basilic	Alfàbrega
Café	Cafè
Cannelle	Canyella
Carotte	Pastanaga
Citron	Llimona
Épinard	Espinacs
Fraise	Maduixa
Jus	Suc
Lait	Llet
Navet	Nap
Oignon	Ceba
Orge	Ordi
Poire	Pera
Salade	Amanida
Sel	Sal
Soupe	Sopa
Sucre	Sucre
Thon	Tonyina
Viande	Carn

Nourriture #2
Menjar #2

Amande	Ametlla
Aubergine	Albergínia
Banane	Plàtan
Blé	Blat
Brocoli	Bròquil
Cerise	Cirera
Céleri	Api
Champignon	Bolet
Chocolat	Xocolata
Jambon	Pernil
Kiwi	Kiwi
Mangue	Mango
Oeuf	Ou
Pain	Pa
Poisson	Peix
Pomme	Poma
Poulet	Pollastre
Raisin	Raïm
Riz	Arròs
Tomate	Tomàquet

Nutrition
La Nutrició

Amer	Amarg
Appétit	Apetit
Calories	Calories
Comestible	Comestible
Diète	Dieta
Digestion	Digestió
Épices	Espècies
Équilibré	Equilibrat
Fermentation	Fermentació
Ingrédients	Ingredients
Liquides	Líquids
Poids	Pes
Protéines	Proteïnes
Qualité	Qualitat
Sain	Saludable
Santé	Salut
Sauce	Salsa
Saveur	Sabor
Toxine	Toxina
Vitamine	Vitamina

Océan
Oceà

Anguille	Anguila
Baleine	Balena
Bateau	Barca
Corail	Coral
Crabe	Cranc
Crevette	Gamba
Dauphin	Dofí
Éponge	Esponja
Huître	Ostra
Marées	Marees
Méduse	Meduses
Poisson	Peix
Poulpe	Pop
Requin	Tauró
Récif	Escull
Sel	Sal
Tempête	Tempesta
Thon	Tonyina
Tortue	Tortuga
Vagues	Ones

Oiseaux
Ocells

Aigle	Àguila
Autruche	Estruç
Canard	Ànec
Cigogne	Cigonya
Corbeau	Corb
Coucou	Cucut
Cygne	Cigne
Flamant	Flamenc
Héron	Agró
Manchot	Pingüí
Moineau	Pardal
Mouette	Gavina
Oeuf	Ou
Oie	Oca
Paon	Paó
Perroquet	Lloro
Pélican	Pelicà
Pigeon	Colom
Poulet	Pollastre
Toucan	Tucà

Pays #1
Països #1

Afghanistan	Afganistan
Allemagne	Alemanya
Argentine	Argentina
Brésil	Brasil
Canada	Canadà
Espagne	Espanya
Équateur	Equador
Finlande	Finlàndia
Inde	Índia
Israël	Israel
Libye	Líbia
Mali	Mali
Maroc	Marroc
Nicaragua	Nicaragua
Norvège	Noruega
Panama	Panamà
Philippines	Filipines
Pologne	Polònia
Roumanie	Romania
Venezuela	Veneçuela

Pays #2
Països #2

Albanie	Albània
Chine	Xina
Danemark	Dinamarca
France	França
Haïti	Haití
Indonésie	Indonèsia
Irlande	Irlanda
Jamaïque	Jamaica
Japon	Japó
Kenya	Kenya
Laos	Laos
Liban	Líban
Mexique	Mèxic
Ouganda	Uganda
Pakistan	Pakistan
Russie	Rússia
Somalie	Somàlia
Soudan	Sudan
Syrie	Síria
Ukraine	Ucraïna

Paysages
Paisatges

Cascade	Cascada
Colline	Turó
Désert	Desert
Estuaire	Estuari
Fleuve	Riu
Geyser	Guèiser
Glacier	Glacera
Grotte	Cova
Iceberg	Iceberg
Île	Illa
Lac	Llac
Marais	Pantà
Mer	Mar
Montagne	Muntanya
Oasis	Oasi
Péninsule	Península
Plage	Platja
Toundra	Tundra
Vallée	Vall
Volcan	Volcà

Philanthropie
La Filantropia

Besoin	Necessitat
Buts	Metes
Charité	Caritat
Communauté	Comunitat
Contacts	Contactes
Défis	Reptes
Enfants	Nens
Finance	Finances
Fonds	Fons
Gens	Gent
Générosité	Generositat
Global	Global
Groupes	Grups
Histoire	Història
Honnêteté	Honradesa
Humanité	Humanitat
Jeunesse	Joventut
Mission	Missió
Programmes	Programes
Public	Públic

Physique
Física

Accélération	Acceleració
Atome	Àtom
Chaos	Caos
Chimique	Químic
Densité	Densitat
Électron	Electró
Formule	Fórmula
Fréquence	Freqüència
Gaz	Gas
Gravité	Gravetat
Magnétisme	Magnetisme
Masse	Massa
Mécanique	Mecànica
Molécule	Molècula
Moteur	Motor
Nucléaire	Nuclear
Particule	Partícula
Relativité	Relativitat
Universel	Universal
Vitesse	Velocitat

Plantes
Les Plantes

Arbre	Arbre
Baie	Baia
Bambou	Bambú
Botanique	Botànica
Buisson	Arbust
Cactus	Cactus
Engrais	Adob
Feuillage	Fullatge
Fleur	Flor
Flore	Flora
Forêt	Bosc
Grandir	Créixer
Haricot	Mongeta
Herbe	Herba
Jardin	Jardí
Lierre	Heura
Mousse	Molsa
Pétale	Pètal
Racine	Arrel
Végétation	Vegetació

Professions #1
Professions #1

Ambassadeur	Ambaixador
Astronome	Astrònom
Avocat	Advocat
Banquier	Banquer
Bijoutier	Joier
Cartographe	Cartògraf
Chasseur	Caçador
Danseur	Ballarina
Entraîneur	Entrenador
Éditeur	Editor
Géologue	Geòleg
Infirmière	Infermera
Médecin	Metge
Musicien	Músic
Pianiste	Pianista
Plombier	Lampista
Pompier	Bomber
Psychologue	Psicòleg
Scientifique	Científic
Vétérinaire	Veterinari

Professions #2
Professions #2

Astronaute	Astronauta
Bibliothécaire	Bibliotecari
Biologiste	Biòleg
Chercheur	Investigador
Chirurgien	Cirurgià
Dentiste	Dentista
Détective	Detectiu
Enseignant	Professor
Illustrateur	Il·lustrador
Ingénieur	Enginyer
Inventeur	Inventor
Jardinier	Jardiner
Journaliste	Periodista
Linguiste	Lingüista
Médecin	Metge
Peintre	Pintor
Philosophe	Filòsof
Photographe	Fotògraf
Pilote	Pilot
Zoologiste	Zoòleg

Psychologie
Psicologia

Clinique	Clínic
Comportement	Comportament
Conflit	Conflicte
Ego	Ego
Enfance	Infantesa
Expériences	Experiències
Émotions	Emocions
Évaluation	Avaluació
Idées	Idees
Inconscient	Inconscient
Pensées	Pensaments
Perception	Percepció
Personnalité	Personalitat
Problème	Problema
Rendez-Vous	Cita
Réalité	Realitat
Rêves	Somnis
Sensation	Sensació
Subconscient	Subconscient
Thérapie	Teràpia

Randonnée
Senderisme

Animaux	Animals
Bottes	Botes
Camping	Càmping
Carte	Mapa
Climat	Clima
Eau	Aigua
Falaise	Penya-Segat
Fatigué	Cansat
Guides	Guies
Lourd	Pesat
Météo	Temps
Montagne	Muntanya
Nature	Naturalesa
Orientation	Orientació
Parcs	Parcs
Pierres	Pedres
Préparation	Preparació
Sauvage	Salvatge
Soleil	Sol
Sommet	Cimera

Restaurant #2
Restaurant #2

Boisson	Beguda
Chaise	Cadira
Cuillère	Cullera
Déjeuner	Dinar
Délicieux	Deliciós
Dîner	Sopar
Eau	Aigua
Épices	Espècies
Fourchette	Forquilla
Fruit	Fruita
Gâteau	Pastís
Glace	Gel
Légumes	Verdures
Nouilles	Fideus
Oeuf	Ous
Poisson	Peix
Salade	Amanida
Sel	Sal
Serveur	Cambrer
Soupe	Sopa

Réchauffement Climatique
L'Escalfament Global

Arctique	Àrtic
Attention	Atenció
Changements	Canvis
Climat	Clima
Crise	Crisi
Données	Dades
Environnemental	Ambiental
Énergie	Energia
Futur	Futur
Gaz	Gas
Générations	Generacions
Gouvernement	Govern
Habitats	Hàbitats
Industrie	Indústria
International	Internacional
Législation	Legislació
Maintenant	Ara
Populations	Poblacions
Scientifique	Científic
Températures	Temperatures

Santé et Bien-Être #1
La Salut i el Benestar #1

Actif	Actiu
Bactéries	Bacteris
Blessure	Lesió
Clinique	Clínica
Faim	Fam
Fracture	Fractura
Habitude	Hàbit
Hauteur	Altura
Hormone	Hormones
Médecin	Metge
Médicament	Medicina
Muscles	Músculs
Os	Ossos
Peau	Pell
Pharmacie	Farmàcia
Posture	Postura
Réflexe	Reflex
Thérapie	Teràpia
Traitement	Tractament
Virus	Virus

Santé et Bien-Être #2
La Salut i el Benestar #2

Allergie	Al·lèrgia
Anatomie	Anatomia
Appétit	Apetit
Calorie	Calories
Corps	Cos
Déshydratation	Deshidratació
Énergie	Energia
Génétique	Genètica
Hôpital	Hospital
Hygiène	Higiene
Infection	Infecció
Maladie	Malaltia
Massage	Massatge
Nutrition	Nutrició
Poids	Pes
Récupération	Recuperació
Sain	Saludable
Sang	Sang
Stress	Estres
Vitamine	Vitamina

Science
Ciència

Atome	Àtom
Chimique	Químic
Climat	Clima
Données	Dades
Expérience	Experiment
Évolution	Evolució
Fait	Fet
Fossile	Fòssil
Gravité	Gravetat
Hypothèse	Hipòtesi
Laboratoire	Laboratori
Méthode	Mètode
Minéraux	Minerals
Molécules	Molècules
Nature	Naturalesa
Observation	Observació
Organisme	Organisme
Particules	Partícules
Physique	Física
Scientifique	Científic

Science-Fiction
Ciència Ficció

Atomique	Atòmic
Cinéma	Cinema
Explosion	Explosió
Extrême	Extrem
Fantastique	Fantàstic
Feu	Foc
Futuriste	Futurista
Galaxie	Galàxia
Illusion	Il·lusió
Imaginaire	Imaginari
Livres	Llibres
Monde	Món
Mystérieux	Misteriós
Oracle	Oracle
Planète	Planeta
Réaliste	Realista
Robots	Robots
Scénario	Escenari
Technologie	Tecnologia
Utopie	Utopia

Sport
Esport

Athlète	Atleta
Capacité	Capacitat
Corps	Cos
Cyclisme	Ciclisme
Danse	Ball
Diète	Dieta
Endurance	Resistència
Entraîneur	Entrenador
Force	Força
Jogging	Córrer
Maximiser	Maximitzar
Métabolique	Metabòlic
Muscles	Músculs
Nager	Nedar
Nutrition	Nutrició
Objectif	Objectiu
Os	Ossos
Programme	Programa
Santé	Salut
Sports	Esports

Temps
Temps

Année	Any
Annuel	Anual
Après	Després
Avant	Abans
Bientôt	Aviat
Calendrier	Calendari
Décennie	Dècada
Futur	Futur
Heure	Hora
Hier	Ahir
Horloge	Rellotge
Jour	Dia
Maintenant	Ara
Matin	Matí
Midi	Migdia
Minute	Minut
Mois	Mes
Nuit	Nit
Semaine	Setmana
Siècle	Segle

Types de Cheveux
Tipus de Cabell

Argent	Plata
Blanc	Blanc
Blond	Ros
Boucles	Rínxols
Brillant	Brillant
Chauve	Calb
Coloré	Color
Court	Curt
Doux	Suau
Épais	Gruix
Frisé	Arrissat
Gris	Gris
Long	Llarg
Marron	Marró
Mince	Prim
Noir	Negre
Ondulé	Ondulat
Sain	Saludable
Sec	Sec
Tressé	Trenat

Univers
Univers

Astéroïde	Asteroide
Astronome	Astrònom
Astronomie	Astronomia
Atmosphère	Ambient
Ciel	Cel
Cosmique	Còsmic
Équateur	Equador
Galaxie	Galàxia
Hémisphère	Hemisferi
Horizon	Horitzó
Latitude	Latitud
Longitude	Longitud
Lune	Lluna
Obscurité	Foscor
Orbite	Òrbita
Solaire	Solar
Solstice	Solstici
Télescope	Telescopi
Visible	Visible
Zodiaque	Zodíac

Vacances #2
Vacances #2

Aéroport	Aeroport
Camping	Càmping
Carte	Mapa
Destination	Destinació
Étranger	Estranger
Hôtel	Hotel
Île	Illa
Loisir	Oci
Mer	Mar
Passeport	Passaport
Plage	Platja
Restaurant	Restaurant
Réservations	Reserves
Taxi	Taxi
Tente	Tenda
Train	Tren
Transport	Transport
Vacances	Vacances
Visa	Visat
Voyage	Viatge

Véhicules
Vehicles

Ambulance	Ambulància
Avion	Avió
Bateau	Barca
Bus	Autobús
Camion	Camió
Caravane	Caravana
Ferry	Ferri
Fusée	Coet
Hélicoptère	Helicòpter
Métro	Metro
Moteur	Motor
Navette	Trasllat
Pneus	Pneumàtics
Radeau	Bassa
Scooter	Scooter
Sous-Marin	Submarí
Taxi	Taxi
Tracteur	Tractor
Vélo	Bicicleta
Voiture	Cotxe

Vêtements
Roba

Bracelet	Polsera
Ceinture	Cinturó
Chapeau	Barret
Chaussure	Sabata
Chemise	Camisa
Chemisier	Brusa
Collier	Collaret
Foulard	Bufanda
Gants	Guants
Jeans	Texans
Jupe	Faldilla
Manteau	Abric
Mode	Moda
Pantalon	Pantalons
Pull	Suèter
Pyjama	Pijama
Robe	Vestit
Sandales	Sandàlies
Tablier	Davantal
Veste	Jaqueta

Ville
Ciutat

Aéroport	Aeroport
Banque	Banc
Bibliothèque	Biblioteca
Boulangerie	Fleca
Cinéma	Cinema
Clinique	Clínica
École	Escola
Fleuriste	Florista
Galerie	Galeria
Hôtel	Hotel
Librairie	Llibreria
Marché	Mercat
Musée	Museu
Pharmacie	Farmàcia
Restaurant	Restaurant
Stade	Estadi
Supermarché	Supermercat
Théâtre	Teatre
Université	Universitat
Zoo	Zoològic

Félicitations

Vous avez réussi !

Nous espérons que vous avez apprécié ce livre autant que nous avons pris plaisir à le concevoir. Nous faisons de notre mieux pour créer des livres de la meilleure qualité possible.
Cette édition est conçue pour permettre un apprentissage intelligent et de qualité en se divertissant !

Vous avez aimé ce livre ?

Une Simple Demande

Nos livres existent grâce aux avis que vous publiez. Pourriez-vous nous aider en laissant un avis maintenant ?

Voici un lien rapide qui vous mènera à votre
page d'évaluation de vos commandes :

BestBooksActivity.com/Avis50

CHALLENGE FINAL !

Défi n°1

Êtes-vous prêt pour votre jeu bonus ? Nous les utilisons tout le temps mais ils ne sont pas si faciles à trouver. Voici les **Synonymes** !

Notez 5 mots que vous avez trouvés dans les puzzles notés ci-dessous (n°21, n°36, n°76) et essayez de trouver 2 synonymes pour chaque mot.

Notez 5 Mots du **Puzzle 21**

Mots	Synonyme 1	Synonyme 2

Notez 5 Mots du **Puzzle 36**

Mots	Synonyme 1	Synonyme 2

Notez 5 Mots du **Puzzle 76**

Mots	Synonyme 1	Synonyme 2

Défi n°2

Maintenant que vous vous êtes échauffé, notez 5 mots que vous avez découverts dans les Puzzles n° 9, n° 17, n° 25 et essayez de trouver 2 antonymes pour chaque mot. Combien pouvez-vous en trouver en 20 minutes ?

Notez 5 Mots du **Puzzle 9**

Mots	Antonyme 1	Antonyme 2

Notez 5 Mots du **Puzzle 17**

Mots	Antonyme 1	Antonyme 2

Notez 5 Mots du **Puzzle 25**

Mots	Antonyme 1	Antonyme 2

Défi n°3

Formidable ! Ce défi final n'est rien pour vous.

Prêt pour le dernier défi ? Choisissez 10 mots que vous avez découverts parmi les différents puzzles et notez-les ci-dessous.

1.	6.
2.	7.
3.	8.
4.	9.
5.	10.

Maintenant, composez un texte en pensant à une personne, un animal ou un lieu que vous aimez !

Astuce: Vous pouvez utiliser la dernière page de ce livre comme brouillon !

Votre Composition :

CARNET DE NOTES :

À TRÈS BIENTÔT !

Toute l'équipe

DECOUVREZ DES JEUX GRATUITS

GO

↓

BESTACTIVITYBOOKS.COM/FREEGAMES

www.ingramcontent.com/pod-product-compliance
Lightning Source LLC
Chambersburg PA
CBHW082203120626

46553CB00010B/2992